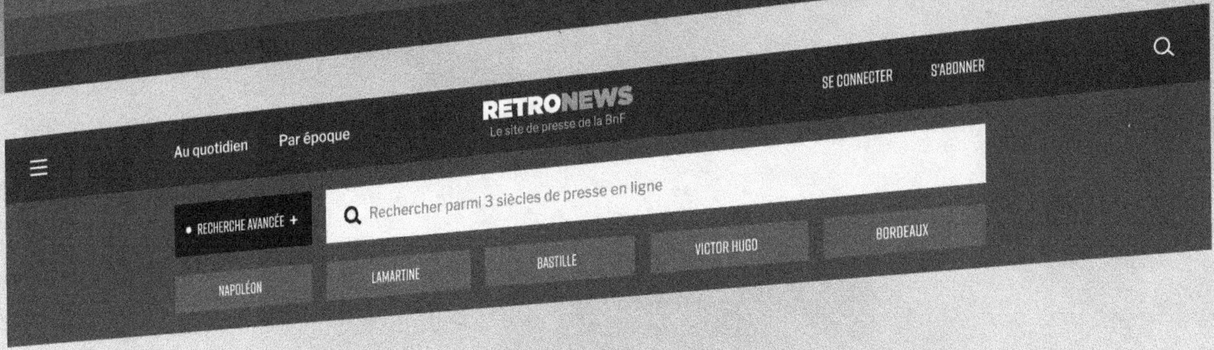

Nos 97-99. Prix : 15 francs.

REVUE DE SYNTHÈSE HISTORIQUE

DIRECTEUR : HENRI BERR

TOME XXXIII

(Nouvelle Série. — Tome VII)

INTRODUCTION A L'HISTOIRE DE LA GUERRE MONDIALE

Questions de méthode

Centres d'études et instruments de travail

Études critiques

PARIS

LIBRAIRIE LÉOPOLD CERF

12, RUE SAINTE-ANNE

1921

(Mai 1922)

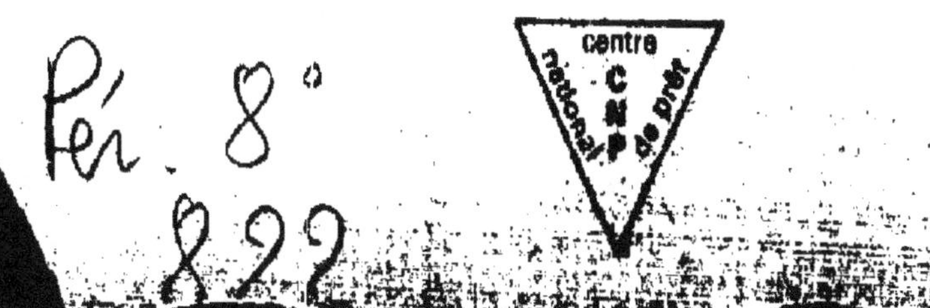

SOMMAIRE DU TOME XXXIII

REVUES CRITIQUES

NOTES, QUESTIONS ET DISCUSSIONS

REVUE

DE

SYNTHÈSE HISTORIQUE

REVUE

DE

SYNTHÈSE HISTORIQUE

Directeur : **Henri BERR**

TOME TRENTE-TROISIÈME

(Nouvelle Série. — Tome VII)

AOUT A DÉCEMBRE 1921

PARIS

LIBRAIRIE LÉOPOLD CERF

12, RUE SAINTE-ANNE (Ier)

1921

(Mai 1922)

Il a paru déjà sur la guerre mondiale une multitude de publications, de toutes sortes : documents officiels, souvenirs et mémoires, récits d'événements, histoires générales — sommaires ou développées. Mais l'organisation du travail laisse fort à désirer jusqu'ici. Il importerait que l'élaboration des matériaux et leur utilisation se fissent avec la méthode et le sens critique qui sont, en histoire, des acquisitions récentes.

La *Revue de Synthèse historique*, quand elle a reparu en 1919, a annoncé qu'elle réserverait une place à l'histoire de la Guerre. Elle le devait d'autant plus que, très consciemment, c'est vers le passé le plus proche, en même temps que vers le plus lointain, qu'elle dirige son principal effort : vers le plus lointain passé, dans un intérêt surtout philosophique ; vers le passé le plus proche, dans un intérêt pratique, — mais qui ne l'est pas exclusivement, puisque l'étude des divers facteurs du présent projette une vive lumière sur les éléments du passé [1].

Il s'agissait donc de savoir comment la *Revue* ferait leur part aux formidables événements des années récentes. On avait songé d'abord à un Bulletin qui grouperait, périodiquement, les principales tout au moins des publications relatives à la Guerre. Mais, ce faisant, la *Revue* n'aurait rien procuré au public de particulièrement utile, d'approprié à son programme et à son rôle, — pas plus que si elle avait réuni dans un fascicule spécial des articles relatifs à des épisodes ou à des phases de la Guerre.

Il a semblé, somme toute, que le plus incontestable service que pourrait rendre la *Revue de Synthèse historique* consisterait à tâcher, comme elle l'a fait depuis vingt-deux ans pour l'ensemble

1. Voir tome XXIX, Introduction : *Les Études historiques et la Guerre*.

de l'histoire, de donner aux travailleurs, dans ce domaine nouveau, des renseignements généraux et des suggestions propres à les orienter.

Réflexions de méthode ; indications de centres d'études et d'instruments de travail essentiels; études critiques de certaines publications, surtout d'ordre politique et militaire : voilà la matière du présent fascicule.

Si nous en publions plus tard un second, nous nous proposons d'insister sur le côté économique et sur le côté moral de la Guerre : c'en sont là deux aspects d'une singulière importance [1]. Il nous faudra les éclairer particulièrement, pour la recherche des causes profondes, — puisque l'histoire, telle que nous la concevons ici, n'a pas pour but unique de recueillir et de grouper empiriquement de bons matériaux, mais qu'elle tend à une interprétation synthétique qui fasse leur juste part aux divers facteurs explicatifs.

H. B.

1. Voir René Hubert, *Les Interprétations de la Guerre*, et H. Berr, *Le Germanisme contre l'Esprit français, Essai de psychologie historique*.

SUR

L'ÉTUDE DE L'HISTOIRE DE LA GUERRE

Les quelques pages qui suivent ne sauraient avoir la prétention d'être, dans leurs dimensions restreintes, un essai de méthodologie, même sommaire, pour l'étude de l'histoire de la guerre. D'ailleurs, la méthode historique est une, et celle que doit appliquer le narrateur des événements de 1914-1919 n'offre rien et ne peut rien offrir de spécifique. On veut seulement présenter ici quelques remarques sur les conditions dans lesquelles cette histoire s'élabore, et sur l'orientation qu'il semble désirable de donner aux travaux dont elle est l'objet.

De tout temps, le hasard des découvertes documentaires, les convenances personnelles des chercheurs et les engouements des lecteurs ont joué un grand rôle dans les progrès de la connaissance historique. Dans le choix de ses points de direction et dans le rythme de sa marche, la fantaisie individuelle a toujours eu plus de part que l'esprit d'effort discipliné et collectif. Aussi chacun de ses pas en avant s'accompagne-t-il de tâtonnements, de délais inutiles et de gaspillages de force.

On a pu croire un moment que l'histoire de la guerre de 1914-1918 se constituerait dans des conditions différentes, et meilleures. L'événement avait ébranlé le monde ; il allait, pendant de longues années, tenir les imaginations frappées et surexcitées les curiosités. A la faveur de ce mouvement d'attention stabilisé, il serait peut-être possible de créer une organisation internationale, ou tout au moins interalliée, pour la construction en commun d'un vaste monument d'histoire, sous le patronage moral, voire même avec le concours de la Société des Nations. Pour la première fois, le souvenir d'un instant capital dans l'histoire de l'humanité allait pouvoir être fixé sans retard, grâce à une vaste enquête immédiatement entreprise, qui ferait une abondante récolte de témoignages directs et frais, et qui, bien conduite, produirait le maximum de résultats exacts, pour une dépense minima de temps, de labeur et d'argent.

Ce rêve s'est évanoui. Il n'était d'ailleurs susceptible d'aucune réalisation pratique. Il était aisé de prévoir que chacun des pays belligérants, insoucieux de ses alliances de la veille, ferait son histoire de la guerre par ses moyens propres, suivant son génie propre, et en se conformant à ses habitudes anciennes; que, par exemple, le grand public de langue anglaise se bornerait à lire, sur la guerre, des livres conçus à l'anglaise et écrits en anglais, auxquels viendraient se joindre des traductions en cette langue de quelques ouvrages étrangers. C'est probablement entre les deux ennemies acharnées d'hier, la France et l'Allemagne, que s'établira dans le domaine de l'histoire de la guerre, tout comme il l'était avant 1914 dans le domaine des sciences historiques en général, l'échange le plus actif de renseignements et d'idées : déjà il se pratique ; mais il n'équivaut pas à une collaboration, au vrai sens du mot; et d'ailleurs, si elle était limitée à deux pays, une organisation « internationale » pour l'étude de l'histoire de la guerre ne mériterait pas ce nom. Il faut donc en prendre son parti : il y aura des relations d'homme à homme, de groupe à groupe, entre les travailleurs qui, un peu partout dans l'ancien et le nouveau Monde, s'efforcent de faire la lumière sur les événements de 1914 à 1919 ; et il n'est pas besoin d'ajouter que c'est un devoir pour les spécialistes d'un pays, devoir tout à fait strict lorsqu'il s'agit de l'étude des problèmes diplomatiques, que de se tenir au courant de la production étrangère ; — mais, sous ces réserves, on doit admettre ou subir ce fait qu'il n'y aura formation d'une littérature internationale sur l'histoire de la guerre que par la juxtaposition de littératures nationales, parmi lesquelles figurera une littérature française, due à des Français, essentiellement fondée sur l'emploi de documents français, et traitant surtout des événements qui, en bien ou en mal, ont particulièrement touché la France. Dès lors peut se poser la question suivante : puisqu'il doit y avoir, dans cette série d'efforts parallèles, un effort français, vers quelles fins l'orienter pour que, malgré l'appauvrissement en main-d'œuvre érudite et en moyens de publications, et pour pallier les fâcheuses conséquences de cet appauvrissement même, il ne coûte pas trop et rapporte le plus possible ? Et cette question en appelle à son tour et préalablement une autre : quel est actuellement en France l'état et quelles sont les conditions des études sur l'histoire de la guerre ?

D'une manière générale, l'intérêt passionné avec lequel avait été accueilli, depuis 1914, tout ce qui traitait de l'histoire de la guerre, a faibli au cours de ces derniers mois. Sur ce terrain comme sur les autres, l'affaissement consécutif à une lutte épuisante se fait sentir ; les générations qui ont fait ou vécu la guerre sont fatiguées ; leur principal souci est de vivre, de reprendre des forces ; le présent et l'avenir les préoccupent plus que le passé. Un article sur la reconstruction économique de l'Europe ou sur le problème des réparations a plus de chances de retenir leur attention qu'un livre, fût-il de premier ordre, sur la bataille de la Marne de 1914, ou sur l'offensive allemande de mars 1918. Les éditeurs le savent bien ; « on ne veut plus, disent-ils, entendre parler de l'histoire de la guerre » ; ils exagèrent, mais il est certain que, dans ce domaine, la capacité d'absorption de la clientèle a sensiblement diminué. Aussi les volumes se font-ils plus rares ; la publication des collections en cours est arrêtée ou ralentie ; pour le placement d'un livre, d'un article de périodique, les auteurs éprouvent des difficultés. Il est significatif que nous n'ayons encore, sur l'histoire de la guerre, ni une revue qui se soit imposée, ni une grande collection de documents. Il existe depuis plusieurs années une Société d'histoire de la guerre ; mais il ne semble pas que jusqu'ici elle se soit beaucoup développée ; en tout cas, elle n'a encore rien fait. Donc, première difficulté : l'effort des historiens qui travaillent à constituer l'histoire de la guerre est mollement secondé par le public [1].

Seconde difficulté : les sources d'archives, dont l'importance n'a pas à être soulignée, sont mal repérées, inaccessibles ou peu accessibles, et, pour une part certainement, en voie de disparition.

1. Nous laissons de côté la question de l'appui donné par l'État ; elle est traitée dans ce numéro même avec une compétence qui ne laisse rien à désirer. Il est évident que, par ces temps d'économies indispensables, on ne peut attendre qu'une participation limitée des pouvoirs publics aux frais des études sur la guerre.

La guerre a produit une masse considérable de documents, manuscrits, dactylographiés ou imprimés, qui devraient ou être dès maintenant versés aux archives publiques, ou être tenus à l'abri, en vue d'un versement ultérieur. Les documents diplomatiques sont aux Affaires étrangères ; probablement, ils y sont au complet et ne risquent rien. Les documents militaires sont au Ministère de la Guerre. Quel en est le volume? Présentent-ils, ou non, des lacunes initiales? Ont-ils été soumis à des triages, à des reclassements? A ces questions, nous ne pouvons faire de réponse; mais enfin ces documents existent ; ils remplissent la plus grande partie d'une caserne parisienne, et, comme celle des documents diplomatiques, la conservation en paraît assurée. Mais ni les uns ni les autres ne sont actuellement communicables, et ils ne le seront pas davantage pendant bien des années encore ; il n'y a pas à en faire état pour l'étude. En ce qui concerne les documents émanés pendant la guerre des administrations civiles, temporaires ou non, la situation n'est pas beaucoup plus favorable. On en obtiendrait plus facilement l'accès ; mais ils sont dispersés, et des trous s'y creusent, constamment et obscurément grandissants. Certes, on ne pouvait songer à garder tout, car il s'agissait de tonnes et de tonnes de papiers ; du moins aurait-on dû s'attacher à détruire avec discernement, d'après un plan raisonné que les spécialistes d'archives eussent facilement dressé : on ne l'a pas fait, et les mises au pilon sont ou seront décidées au petit bonheur, par des subalternes. Il ne restera peut-être rien des archives de certains services autonomes, qui ont joué un rôle important ; ou bien il n'en subsistera que des papiers sans valeur. Cette fois encore, comme si souvent dans le passé, la négligence et l'ignorance simplifieront la tâche des hommes qui ont mission de veiller à l'accroissement légal des dépôts d'archives publiques.

Si les sources d'archives sont inaccessibles, ou éparses, et partiellement menacées de destruction, par contre les sources imprimées sont d'une surabondance telle qu'elle en devient gênante. Nous reviendrons sur ce point, en parlant de l'urgence du travail bibliographique et critique ; nous nous bornons à faire mention, ici, de cette difficulté. Nous pourrions en signaler d'autres encore, d'ailleurs moins graves ; mais nous craindrions, en multipliant des constatations peu encourageantes, de donner l'impression qu'un seul parti reste à prendre : s'abstenir. Or il n'en est pas ainsi.

L'histoire de la guerre se fera, se fait déjà ; les obstacles que nous venons d'indiquer seront une cause de retard et non d'arrêt. Tout fait présumer que la tâche sera finalement accomplie : il y a seulement à se demander s'il est possible, par une pratique rigoureuse de la méthode et par un choix rationnel des types de travaux, de la rendre moins longue et moins pénible. Les quelques observations qui suivent sont la réponse que nous parait appeler cette question.

Le travailleur qui aborde l'histoire de la guerre doit s'être prémuni contre un danger : celui de donner au sujet, dans le temps, une extension démesurée. On se laisserait assez facilement aller à comprendre dans l'histoire de la guerre celle des événements qui l'ont préparée et celle de ses conséquences : il faut résister à cette tentation. L'histoire de la guerre n'est pas celle de l'avant-guerre, et encore moins celle de l'après-guerre. On doit considérer que le traité de Versailles a clos la guerre de 1914-1918 comme les traités de Vienne avaient clos les guerres de la Révolution et de l'Empire. Qu'on prenne comme terme final la date de la signature du traité, ou celle de sa mise en vigueur, ou celle de la cessation officielle, en France, des hostilités, peu importe : la différence n'est que de quelques semaines, ou de quelques mois. L'essentiel, c'est que, une fois mise en place, la borne soit respectée ; autrement on irait à la confusion, et, à force d'exagération, au néant. Pourquoi et où arrêter un exposé des conséquences économiques, sociales, politiques de la guerre?

Cette limitation chronologique s'accompagnera d'une limitation logique. Toutes les manifestations de l'activité d'un ou dans un pays belligérant, entre 1914 et 1919, n'appartiennent pas à l'histoire de la guerre : tel est le cas pour certains faits ou actes de l'ordre intellectuel ou artistique — par exemple les acquisitions du Musée du Louvre pendant ces six années, ou la controverse relative à Shakespeare — sur lesquels, de toute évidence, la crise n'a pas eu d'effet perceptible. Tout en faisant la part large aux répercussions qui se révèlent parfois très inattendues, il faut reconnaître qu'il y a des concomitances, des coïncidences qu'on ne peut transformer en corrélations qu'en faussant la réalité. Dans le même ordre d'idées, il serait excessif d'admettre dans le sujet « histoire de la guerre » l'histoire des pays demeurés neutres, ou même celle des pays qui, quoiqu'ayant rompu les relations diplomatiques avec l'Allemagne, n'ont pas pris part aux opérations. En dépit des répercussions économiques, favorables ou non, dont ces pays ont été le théâtre, comme l'élévation du prix de la vie, ou l'enrichissement provenant des fournitures faites aux alliés, l'histoire du Brésil ou celle de la Norvège, pendant la guerre, ne sont pas l'histoire de la guerre. A côté de celle-ci, il y a, de 1914 à 1919, une histoire du monde, qui ne se confond pas nécessairement avec elle.

Ce sont là des vérités de pur bon sens, et même de gros bon sens. Nous n'avons aucun mérite à les formuler, mais il y a peut-être quelque utilité à les rappeler, car elles sont parfois méconnues. Tenant le champ de l'étude pour désormais défini, voyons brièvement — en nous plaçant au point de vue, non de l'amateur ou du publiciste, mais du professionnel qualifié, que l'histoire de la guerre attire — quels sont les travaux utiles, ou les plus utiles, auxquels elle se prête.

Pendant longtemps encore, la rédaction d'une histoire générale de la guerre sera une besogne ingrate, à la fois parce que nos connaissances offrent de grandes lacunes, qui ne seront pas comblées de sitôt, et parce que notre information devient de jour en jour plus riche. Il faut de ces histoires, et on en publiera ; elles auront pu coûter beaucoup de peine et témoigner de beaucoup de talent; mais il est inévitable qu'elles soient promptement périmées. Des « précis » d'un type et de dimensions plus modestes, qui n'auraient d'autre prétention que de présenter, à une date donnée, un tableau des résultats acquis, rendraient des services.

A défaut d'entreprendre une histoire générale, on peut se risquer à faire choix d'un « grand sujet ». Mais où le prendre? Pour un civil historien, une étude de faits militaires est contre-indiquée, abstraction faite de toute question de compétence, parce que, nous l'avons vu, cet historien n'aura pas accès aux sources originales. Les archives militaires sont entre les mains de l'État-Major de l'Armée ; il en tirera, à son heure, ce qu'il jugera bon d'en publier[1]; il est probable que, comme l'ont été celles de la guerre de 1870 — qui d'ailleurs ne sont pas encore officiellement ouvertes aux profanes — elles demeureront fermées jusqu'à la disparition du dernier des grands chefs qui ont participé à la lutte.

1. Il a commencé ; voir ci-après. *Notes, questions et discussions.*

Quant à l'étude éventuelle des faits diplomatiques, même observation, parce que même prohibition : les archives récentes des Affaires étrangères sont aussi hermétiquement closes que celles de la Guerre, et on ne pourra de longtemps atteindre les documents, sans aucun doute du plus haut intérêt, qu'elles renferment, qu'à travers des « livres jaunes » et autres publications officielles ou officieuses du même genre, assurément insuffisantes, quel qu'en soit le mérite, pour procurer à l'esprit scientifique les garanties qu'il réclame. Ici encore, certitude, nullement encourageante, de ne pouvoir faire que de l'incomplet et du provisoire. Alors, vers quel côté se tourner ? Un vaste champ est ouvert : l'étude des conditions politiques, économiques et sociales, dans lesquelles la guerre a été faite, et de ses conséquences du même ordre. Mais sur ce champ se trouve déjà au travail l'équipe de la Dotation Carnegie pour la Paix internationale, avec ses quarante-cinq volumes en préparation [1], qui semblent bien devoir épuiser et la littérature imprimée des sujets nombreux qu'embrasse son programme, et les documents d'archives actuellement accessibles. Certes, le monument ainsi élevé ne sera ni définitif, ni complet ; néanmoins il promet d'être provisoirement suffisant, et comme il doit être vite édifié, il sera toujours temps d'en reprendre et de refaire telle ou telle partie qui paraîtrait manquée. Non, décidément, le choix d'un « grand sujet » ne va pas tout seul.

Il reste que la besogne qui s'offre à l'heure qu'il est comme le plus aisément exécutable et la plus utile est une besogne de recension et de critique ; et dans cette besogne même mérite la priorité, en raison de son urgence particulière, le travail bibliographique.

La production de livres et d'articles sur la guerre, pendant la guerre, a été énorme ; depuis, si le nombre des publications a subi, comme nous le notons plus haut, un fléchissement, il reste appréciable. On peut être dès à présent certain que, dans vingt ans, dans trente ans, lorsque les travailleurs s'occupant de l'histoire de la guerre auront devant eux d'une part la masse des documents d'archives, d'autre part une littérature qu'on peut sans témérité qualifier par anticipation de colossale, la difficulté que crée la surabondance des sources deviendra pratiquement insur-

1. Voir ci-après, *Notes, questions et discussions*.

montable. La question ne se posera plus de savoir si l'on doit voir tout : matériellement, on ne pourra y songer. Aux historiens futurs de la guerre, on doit, si l'on veut qu'ils puissent agir et obtenir des résultats, préparer un terrain préalablement et progressivement déblayé.

Cette condition peut être remplie. Tout, dans ces livres et articles innombrables consacrés à l'histoire de la guerre, est loin d'avoir de la valeur ; et, surtout, les doubles, les multiples emplois y abondent. Prenons par exemple la littérature narrative, les mémoires, journaux ou correspondances des chefs ou des soldats. Que peut-on attendre de ces documents ? Des renseignements sur les faits de guerre et des renseignements sur l'état d'esprit des combattants. Sauf exception, l'intérêt des renseignements sur les faits est en raison directe de l'importance du grade du rédacteur ; et, hormis les cas où l'on a affaire à un témoin doué d'une intelligence et d'une puissance de vision hors de pair, les récits de soldats ou d'officiers subalternes valent surtout par les indications psychologiques qu'ils contiennent. Or, le nombre des textes de ce genre déjà publiés est tel qu'il créerait à l'historien qui voudrait les utiliser un sérieux embarras. Il y a un truisme dans cette constatation — il faut cependant la rappeler ici — que la valeur des documents historiques tient pour une large part à leur rareté plus ou moins grande. Précieux, parce qu'en nombre restreint, pour l'histoire des guerres de la Révolution et de l'Empire, les « mémoires de soldats » le seront moins, parce qu'ils foisonnent et parce qu'ils se répètent, pour l'historien de la guerre récente. Ajoutons d'ailleurs que, tout en projetant sur une partie du tableau une lumière à laquelle on ne pourrait reprocher que d'être vive à l'excès, ils en laissent dans l'ombre une autre, et non la moindre : œuvre de bourgeois ou d'intellectuels, ils nous font connaître, dans leur mentalité, et dans leur sensibilité souvent charmante, une série de combattants issus de la bourgeoisie, de l'Université ; mais les ouvriers, et surtout les paysans, qui ont formé le fond des armées ? possède-t-on, publiera-t-on des correspondances, des carnets de guerre écrits par des cultivateurs ?

A côté de la littérature narrative, la littérature polémique appellerait des réflexions analogues, peut-être plus accentuées encore : de tous ces écrits tendancieux, partiaux, parfois très violemment, dont la publication a été un prolongement de la bataille, qu'y a-t-il à retenir pour l'histoire? Ici, comme dans la masse autobiographique, de larges coupes s'imposent, et tout un travail de classement, d'étiquetage, qui dispensera l'historien de consulter tel livre, tel article, ou au contraire lui en fera un devoir. Sans doute cette discrimination s'accompagnera de quelques erreurs : mais, étant donné la multiplicité des recoupements qui, en tout état de cause, demeureront possibles, ces erreurs ne sauraient avoir qu'une gravité restreinte ; et, au surplus, si l'on veut aboutir, comment ne pas se résigner au risque de les commettre ?

L'intervention bibliographique, dans le domaine qui nous occupe, aura donc un but négatif : disqualifier, après triage, un nombre peut-être élevé de publications, les réduire à n'être plus, et au plus, qu'un numéro dans un répertoire. Mais elle aura aussi un but positif ; elle se fera très active. Elle devra, naturellement, pousser en pleine lumière les ouvrages essentiels. Elle s'efforcera d'établir la liste des publications officielles, si dispersées, jamais négligeables, et parfois d'une importance si grande. Elle s'attachera à recueillir au jour le jour, à mesure et où qu'ils se produisent, dans un livre ou dans une revue, à la tribune d'un parlement ou dans une interview, les témoignages, souvent fugitifs et dont la trace peut facilement être perdue, des « grands rôles » survivants de la guerre, avec l'indication des rectifications ou des polémiques que ces témoignages auront pu provoquer. Elle voudra être pratique en même temps que savante et elle ne perdra pas de vue par exemple que, s'il s'agit d'utilité courante, quotidienne, rien ne saurait être pour le moment préférable à des catalogues communs, où seraient groupées sur le papier, après sélection, les ressources des principales bibliothèques.

Si le développement des moyens d'information bibliographique est si souhaitable, c'est surtout parce qu'il rendrait facile une série de travaux critiques : comptes rendus de publications, études sur des sources narratives, mises au point de telles ou telles questions, etc. Tout cela pourrait avoir le plus grand prix. Voilà le terrain solide par excellence sur lequel il serait actuellement loisible à l'historien de la guerre d'accomplir besogne attrayante, d'une utilité certaine, et d'une réelle portée. Attrayante : ne serait-ce qu'en ménageant fréquemment l'occasion d'instituer des comparaisons de témoignages, presque toujours intéressantes ou piquantes ; bien que les mémoires publiés de grands chefs soient moins abondants en France qu'en Allemagne, où la défaite et le licenciement du haut commandement ont donné libre cours à un flot de justifications et de plaidoyers, ils sont néanmoins assez nombreux pour prêter à de suggestives dissertations. D'une utilité certaine : il y a bien des chances pour qu'une bonne étude de sources, menée à fond, conserve une valeur durable ; quant aux mises au point qui exposent l'état d'un problème et les solutions qu'il a reçues, il n'y a pas à démontrer les services qu'elles rendent au progrès de la connaissance. D'une réelle portée : une des conséquences les plus regrettables du grand conflit, c'est l'affaiblissement du sens critique, même chez les hommes qui font profession d'en avoir ; les ouvrages sur la guerre dus à des historiens de carrière laissent d'ordinaire, sous ce point de vue, plus ou moins à désirer ; ils sont trop fréquemment marqués au coin de l'esprit de guerre, qui n'avait pas grand chose de commun avec l'esprit scientifique ; il y a là un redressement à opérer ; et, plus efficacement peut-être que les exhortations théoriques, des prédications par l'exemple, en créant la réaccoutumance, permettront de renouer le fil de la tradition.

Jusqu'ici, les historiens qui ont abandonné leur spécialité antérieure pour se consacrer à l'histoire de la guerre sont très rares. Ceux qui appartenaient à des générations déjà anciennes étaient hors de cause : on se résout malaisément à sacrifier les résultats d'un effort poursuivi pendant vingt ou trente ans pour acquérir une compétence. Il en était de plus jeunes, moins engagés, qui auraient peut-être bifurqué : ceux-là ont péri. Ce sont des adolescents d'aujourd'hui, encore en formation, qui recruteront, plus tard, les équipes nécessaires. Il ne serait d'ailleurs pas opportun qu'elles se formassent trop vite ; car leur action serait gênée par des conditions de travail qui, nous l'avons vu, ne sont pas particulièrement favorables. Ces conditions s'amélioreront, mais lentement, à mesure que les suites matérielles de la guerre pèseront moins lourdement sur nous. Le moment venu de l'emploi d'une main-d'œuvre plus abondante, elle se trouvera : le très grand intérêt du sujet suffit pour écarter toute inquiétude à cet égard.

PIERRE CARON.

RÉFLEXIONS D'UN HISTORIEN

SUR

LES FAUSSES NOUVELLES DE LA GUERRE

I

Les historiens ont suivi avec le plus vif intérêt les progrès accomplis au cours de ces dernières années par la psychologie du témoignage. Cette science est toute jeune; à peine si elle a plus de vingt ans d'âge; du moins il n'y a guère plus de vingt ans qu'elle a commencé à se constituer en discipline indépendante. Il est juste d'ajouter que la critique historique, plus vieille, lui avait frayé les voies. Les premiers témoins qui furent interrogés de façon rationnelle étaient des documents, maniés par des érudits. Les psychologues ont dû en cette matière prendre pour point de départ les règles appliquées pratiquement, plutôt que formulées en théorie, par les Papenbroch, les Mabillon, les Beaufort et leurs émules. Mais ils ont développé ces principes avec leurs méthodes propres. Surtout ils ne se sont pas bornés à exploiter la matière terriblement complexe que leur fournissait le passé, ou la vie courante; ils ont monté de véritables expériences; grâce à elles, ils ont pu isoler les uns des autres les différents problèmes, mettre un peu d'ordre dans la recherche, et dégager les éléments des solutions futures [1].

1. La « littérature » de la psychologie du témoignage est déjà très considérable; et comme elle est surtout constituée par des articles de revue, dispersés dans des périodiques nombreux, elle est difficile à dépouiller et à suivre. L'ouvrage de J. Varendonck, *La Psychologie du témoignage*, in-8, Gand, 1914, dépourvu d'idées originales, forme un guide commode et renferme une bonne bibliographie. Cf. dans la *Revue de Synthèse historique* les articles de A. Fribourg, XII (1906), p. 262, et XIV (1907), p. 158. Tout récemment, la revue *Folklore* (XXXI, 1920, p. 30) a publié un intéressant article de F.-C. Bartlett intitulé : *Some experiments on the reproduction of Folk-Stories (from the psychological laboratory, University of Cambridge)*. Je n'ai pu lire G. Belot : *Comment observent jeunes et vieux, Bulletin de la Société Alfred Binet*, 1919.

Par un équitable retour les résultats de leurs travaux, si incomplets encore qu'ils paraissent, apportent dès aujourd'hui aux historiens un secours précieux. Nos défiances jusqu'ici étaient surtout instinctives; elles se fonderont de plus en plus en raison. Notre doute devient méthodique. Par là même il trouvera ses justes limites. Il n'y a pas de bon témoin; il n'y a guère de déposition exacte en toutes ses parties; mais sur quels points un témoin sincère et qui pense dire vrai mérite-t-il d'être cru? question infiniment délicate, à laquelle on ne peut donner d'avance une réponse immuable, valant en tous cas; il faut examiner soigneusement chaque espèce et se décider chaque fois d'après les besoins de la cause. Mais les solutions particulières n'auront de base sérieuse que si elles s'inspirent de principes généraux; ces directives, à qui les demander sinon aux observations sur le témoignage? De quelles lumières déjà l'œuvre des psychologues n'éclaire-t-elle pas les grands drames de l'histoire : l'affaire des Templiers par exemple, ou celle de Gilles de Rais [1] ou encore cette épouvantable tragédie à mille actes divers que furent les procès de sorcellerie!

Il y a plus : la critique méthodique du témoignage semble aboutir à une conséquence fort grave, bien qu'assez peu remarquée : elle a porté un coup très rude à l'histoire pittoresque. Guillaume de Saint-Thierri, dans sa Vie de saint Bernard, rapporte que celui-ci, étant moine à Cîteaux, ignora longtemps de quelle façon la chapelle, où il suivait régulièrement les offices, était éclairée; il fut surpris d'apprendre un jour que trois fenêtres au chevet, et non pas une seule, comme il l'avait cru jusqu'alors, y versaient la lumière [2]. Sur ces traits, et d'autres analogues, l'hagiographe s'étonne et admire : quel grand saint une pareille indifférence aux vanités de cette terre ne faisait-elle point présager! Nous savons aujourd'hui que pour se tromper à ce point sur l'aspect des choses qui devraient, semble-t-il, nous être les plus familières, pas n'est besoin d'être un Docteur de l'Église et un prince du mysticisme. Les étudiants du professeur Claparède, à Genève, ont prouvé, au cours d'expériences fameuses, qu'ils connaissaient aussi mal dans ses grandes lignes architecturales le vestibule de leur Université

1. Cf. Salomon Reinach, *Gilles de Rais, Cultes, Mythes et Religions*, IV, p. 266; cf. *ibid.*, p. 319. M. Ch.-V. Langlois croit, comme M. Reinach, à l'innocence de Gilles de Rais; voir sa *Notice sur M. Noël Valois, Comptes rendus de l'Académie des Inscriptions*, 1918, p. 156.

2. S. *Bernardi Vita*, I, c. IV, 20, Migne, t. 185, col. 238.

que jadis Bernard la chapelle ou le réfectoire de son couvent[1]. Dans une déposition normale, c'est-à-dire mêlée de vrai et de faux, rien d'ordinaire n'est plus inexact que ce qui touche les petits détails matériels; tout se passe comme si la plupart des hommes circulaient les yeux à demi-fermés au milieu d'un monde extérieur qu'ils dédaignent de regarder. Comment désormais prendre au sérieux, chez les chroniqueurs, les morceaux descriptifs, la peinture des costumes, des gestes, des cérémonies, des épisodes guerriers, tout ce bric à brac en un mot qui séduisait tant les romantiques, alors qu'autour de nous pas un témoin n'est capable de retenir correctement dans leur ensemble les menus faits sur lesquels on a interrogé si avidement les vieux auteurs[2]? Ici, c'est une leçon de scepticisme que nous donnent les psychologues; mais il faut ajouter que ce scepticisme n'atteint guère que des choses fort superficielles; l'histoire juridique, ou économique, ou religieuse n'est pas touchée; ce qu'il y a de plus profond en histoire pourrait bien être aussi ce qu'il y a de plus sûr.

Ainsi, grâce à la psychologie du témoignage, nous pouvons espérer nettoyer d'une main plus adroite l'image du passé des erreurs qui l'obscurcissent. Mais l'œuvre critique n'est pas tout pour l'historien. L'erreur n'est pas pour lui seulement le corps étranger qu'il s'efforce d'éliminer de toute la précision de ses instruments; il la considère aussi comme un objet d'étude sur lequel il se penche lorsqu'il s'efforce de comprendre l'enchaînement des actions humaines. De faux récits ont soulevé les foules. Les fausses nouvelles, dans toute la multiplicité de leurs formes, — simples racontars, impostures, légendes, — ont rempli la vie de l'humanité. Comment naissent-elles? de quels éléments tirent-elles leur substance? comment se propagent-elles, gagnant en ampleur à mesure qu'elles passent de bouche en bouche ou d'écrit en écrit? Nulle question plus que celles-

1. Cf. *Revue de Synthèse*, XIV, p. 158. Il est juste d'ajouter que saint Bernard paraît tout de même avoir été plus distrait que le commun des hommes : il lui arriva, dit-on, de côtoyer le Léman pendant toute une journée sans y prendre garde; le fait est signalé par l'abbé E. Vacandard dans sa *Vie de saint Bernard*, I, p. 60, avec une référence fausse que je n'ai pu identifier.

2. Bien entendu, un témoin d'autrefois, comme un témoin d'aujourd'hui, mérite, en général, d'être cru lorsqu'il décrit un objet particulier, facile à percevoir, sur lequel son attention a, d'avance, été spécialement attirée, mais non pas lorsqu'il dépeint l'ensemble du milieu matériel où se déroule l'action qu'il relate.

là ne mérite de passionner quiconque aime à réfléchir sur l'histoire.

Mais sur elles l'histoire ne nous apporte que des lumières insuffisantes. Nos ancêtres ne se posaient guère ces sortes de problèmes; ils rejetaient l'erreur, quand ils l'avaient reconnue pour telle; ils ne s'intéressaient pas à son développement. C'est pourquoi les indications qu'ils nous ont laissées ne nous permettent pas de satisfaire nos curiosités, qu'ils ignoraient. L'étude du passé doit en pareille matière s'appuyer sur l'observation du présent. L'historien qui cherche à comprendre la genèse et le développement des fausses nouvelles, déçu par la lecture des documents, songera naturellement à se tourner vers les laboratoires des psychologues. Les expériences qu'on y institue couramment sur le témoignage suffiront-elles à lui fournir l'enseignement que l'érudition lui refuse? Je ne le crois pas; et cela pour plusieurs raisons.

Considérons par exemple la première en date, si je ne me trompe, en tout cas la plus frappante d'entre elles: l'attentat simulé qu'organisa, dans son séminaire, à Berlin, le criminalogiste Lizt[1]. Les étudiants qui avaient assisté à ce petit drame et l'avaient pris au sérieux furent interrogés, les uns le soir même, d'autres une semaine, d'autres encore cinq semaines après l'événement. A partir du dernier interrogatoire la vérité cessa de leur être cachée : ils surent exactement ce qui s'était passé (puisque le scénario avait été minutieusement réglé à l'avance) et que ce qui s'était passé n'était que plaisanterie. Ainsi la fausse nouvelle fut arrêtée, si j'ose dire, en cours de croissance. Il en va de même des autres épreuves de cette sorte; l'intervalle de temps qui dans chacune d'elles sépare le moment où les « sujets » observent de celui où leurs dépositions sont recueillies varie sans doute selon les cas, mais il demeure toujours du même ordre de grandeur. Par ailleurs le nombre de personnes auxquelles s'étend l'enquête se limite le plus souvent à un cercle assez restreint. Bien plus : on ne s'attache d'ordinaire qu'aux témoins directs ; quiconque n'a pas vu lui-même ne comparait point ; les témoins secondaires, qui ne parlent que par ouï-dire sont exclus ; dans la vie réelle au

1. Le compte rendu en a été donné par Jaffa. *Ein psychologischer Experiment im Kriminalseminar der Universität Berlin, Beiträge zur Psychologie der Aussage*, I (1903), p. 79 ; cf. Varendonck, p. 42 suiv.

contraire, que serait sans eux ce que l'on appelait autrefois la « publique renommée » ? Dans les expériences des psychologues, jamais la fausse nouvelle n'atteint cette plénitude magnifique que seules peuvent lui donner une longue durée et des bouches innombrables.

Surtout, à ces créations de laboratoire l'élément le plus essentiel peut-être des fausses nouvelles de l'histoire fait défaut. Celles-ci sans doute naissent souvent d'observations individuelles inexactes ou de témoignages imparfaits, mais cet accident originel n'est pas tout; en vérité, à lui seul il n'explique rien. L'erreur ne se propage, ne s'amplifie, ne vit enfin qu'à une condition : trouver dans la société où elle se répand un bouillon de culture favorable. En elle, inconsciemment, les hommes expriment leurs préjugés, leurs haines, leurs craintes, toutes leurs émotions fortes. Seuls — j'aurai l'occasion d'y revenir plus loin — de grands états d'âme collectifs ont le pouvoir de transformer une mauvaise perception en une légende. Comment des expériences, si bien menées qu'on les suppose, sauraient-elles nous rendre ces profonds frémissements sociaux ?

On peut présenter les observations que je viens d'esquisser sous une autre forme plus compréhensive, et peut-être plus précise. La psychologie du témoignage, telle qu'on a cherché à la construire jusqu'ici, est restée, par la force même des choses, confinée dans le domaine de la psychologie individuelle. Or, c'est de la psychologie collective que relève surtout la fausse nouvelle. Y a-t-il entre ces deux branches de la science psychologique une différence de nature, tenant à la substance même de leur objet ? Je me garderai bien de soulever ici ce problème, purement philosophique et peut-être purement métaphysique. Il me suffit qu'il y ait en fait entre elles une différence sensible à tous les esprits ; ni leurs méthodes, ni leurs résultats ne se recouvrent exactement. Quand il s'agit d'états de conscience collectifs, l'étude expérimentale, en particulier, est pratiquement inconcevable. Ainsi s'explique que les résultats des travaux rappelés plus haut, si intéressants qu'ils soient, demeurent à notre point de vue singulièrement restreints ; nos connaissances sur la perception, la mémoire, la suggestion, s'en sont trouvées largement enrichies ; par là même la critique historique en a reçu un appui très efficace ; mais, après avoir lu les comptes rendus de tant d'expériences bien conduites, nous ne savons pas beaucoup mieux qu'avant comment se forme et vit une légende[1].

Les remarques précédentes s'appliquent aux expériences proprement dites, œuvres artificielles de l'ingéniosité humaine. Ce qui nous limite, en l'espèce, ce sont les bornes mêmes qui s'imposent à l'action d'un savant, bien incapable évidemment dans son laboratoire de modifier la constitution de la société ou de créer de grandes émotions communes. Mais voici qu'il s'est produit dans ces dernières années une sorte de vaste expérience naturelle. On a le droit en effet de considérer comme telle la guerre européenne : une immense expérience de psychologie sociale, d'une richesse inouïe. Les conditions nouvelles d'existence, d'un caractère si étrange, avec des particularités si accentuées, où tant d'hommes à l'improviste se sont trouvés jetés, — la force singulière des sentiments qui agitèrent les peuples et les armées, — tout ce bouleversement de la vie sociale, et, si l'on ose ainsi parler, ce grossissement de ses traits, comme à travers une lentille puissante, doivent, semble-t-il, permettre à l'observateur de saisir sans trop de peine entre les différents phénomènes les liaisons essentielles. Sans doute ne peut-il pas, comme dans une expérience au sens ordinaire du mot, faire varier lui-même les phénomènes pour mieux reconnaître les rapports qui les unissent ; qu'importe, si ce sont les faits eux-mêmes qui montrent ces variations, et avec quelle ampleur ! Or, parmi toutes les questions de psychologie sociale que les événements de ces derniers temps peuvent aider à élucider, celles qui se rattachent à la fausse nouvelle sont au premier plan. Les fausses nouvelles ! pendant quatre ans et plus, partout, dans tous les pays, au front comme à l'arrière, on les vit naître et pulluler ; elles troublaient les esprits, tantôt surexcitant et tantôt abattant

1. Ce que je viens de dire ne s'applique, bien entendu, qu'à ceux, parmi les travaux des psychologues, qui s'appuient sur des expériences montées par eux. Les historiens, curieux de mieux connaître le mécanisme de la fausse nouvelle, trouveront, au contraire, beaucoup à prendre dans les observations de certains psychologues portant sur des faits sociaux *réels*. On consultera, par exemple, avec beaucoup de profit un très remarquable mémoire de M. J. Varendonck : *Les témoignages d'enfants dans un procès retentissant*, *Archives de Psychologie*, XI (1911), reproduit dans la *Psychologie du Témoignage*, p. 147 suiv. ; on lira ces quelques pages avec d'autant plus de plaisir qu'on y verra comment de saines méthodes critiques peuvent sauver une tête innocente ; et — bien qu'il s'y agisse essentiellement de témoignages enfantins et, par conséquent, d'un aspect un peu particulier du grand problème du témoignage — on y rencontrera plus d'une indication intéressante sur la genèse des erreurs collectives.

les courages : leur variété, leur bizarrerie, leur force étonnent encore quiconque sait se souvenir et se souvient d'avoir cru. Le vieux proverbe allemand a raison :

> Kommt der Krieg ins Land,
> Dann gibt's Lügen wie Sand[1].

L'idée d'étudier ces singulières efflorescences de l'imagination collective est déjà venue à plus d'un auteur, préoccupé de psychologie ou d'histoire. Nous allons parcourir les principaux travaux dont les fausses nouvelles de guerre ont été l'objet.

II

La littérature de guerre est immense et, pour bien des raisons, d'un dépouillement malaisé. Dans ce que je connais d'elle, quatre études relatives à la fausse nouvelle me paraissent devoir être retenues[2].

Voici d'abord le livre du docteur Lucien Graux, *Les Fausses Nouvelles de la Grande Guerre*. Ce sont sept forts volumes parus de 1918 à 1920. Ils ont été très habilement lancés en librairie; c'est ce qui oblige à insister sur eux plus longuement peut-être que sans cela il n'eût été nécessaire. Le titre est plein de promesses; mais la lecture déçoit. Ni par la documentation, ni par la façon de poser les problèmes, cette vaste compilation ne satisfait l'historien.

1. Cité par F. van Langenhove, *Comment naît un cycle de légendes* (cf. plus loin, p. 24), p. 1.

2. Les auteurs d'ouvrages relatifs à la psychologie du soldat, tels que Huot et Voivenel, *La Psychologie du soldat*, in-12, Paris, 1918, ou Georges Bonnet, *L'Ame du soldat*, in-12, Paris, 1917, ont, en général, complètement laissé de côté l'aspect de la psychologie de guerre qui nous intéresse ici. Les indications données par G. Lebon, *Enseignements psychologiques de la guerre européenne*, in-12, Paris, 1916, sont tout à fait insuffisantes. — Un financier allemand, William-Lewis Hertslet, publia, pour la première fois en 1882, sous le titre de *Der Treppenwitz der Weltgeschichte* (« L'Esprit de l'escalier dans l'histoire universelle »), une sorte de *corpus* des erreurs historiques courantes. Il en a été depuis donné de temps en temps de nouvelles éditions, revues et augmentées. La dernière en date (9e éd., in-8, Berlin, 1918), due aux soins du Dr Helmolt, renferme un chapitre intitulé : *Der Weltkrieg ;* il est très court et parfaitement insignifiant. Le Dr Helmolt y signale l'apparition — en 1917 — d'une revue intitulée : *Archiv für Kriegsseelenkunde* et émanant du Séminaire de Science des Littératures (*Literaturwissenschaftliche Seminar*) de l'Université de Kiel; je n'ai pu la consulter.

Les documents dont s'est servi le docteur Lucien Graux — si on laisse de côté quelques souvenirs personnels et quelques lettres — ce sont presque uniquement les journaux. Un long recueil de centons, empruntés à cette source, découpés, semble-t-il, au jour le jour et mis bout à bout, voilà toute l'œuvre ; je laisse de côté les digressions et les développements oratoires. Or la fausse nouvelle de presse a certes son intérêt : mais c'est à condition qu'on reconnaisse ses caractères propres. Elle représente d'ordinaire quelque chose de fort peu spontané. Sans doute arrive-t-il parfois qu'un bruit, répandu dans le pays, ou dans un certain groupe social, soit reproduit, en toute innocence, par un journaliste ; il y aurait beaucoup de naïveté à refuser aux reporters toute naïveté. Mais le plus souvent la fausse nouvelle de presse est simplement un objet fabriqué ; elle est forgée de main d'ouvrier dans un dessein déterminé, — pour agir sur l'opinion, — pour obéir à un mot d'ordre, — ou simplement pour orner la narration, conformément à ces curieux préceptes littéraires qui s'imposent si fortement aux plus modestes publicistes et où traînent tant de souvenirs des vieilles rhétoriques ; Cicéron et Quintilien ont dans les bureaux de rédaction plus de disciples qu'on ne le croit communément. M. Graux a rassemblé les renseignements donnés par les différents journaux sur les réponses faites par M. Malvy à la dernière question du Président de la Haute Cour[1], sur la mort de Bolo-Pacha[2], sur l'audience finale du procès Toqué[3] ; les contradictions en sont frappantes et amusantes ; nous ne saurons vraisemblablement jamais si le chapeau de Bolo était marron ou noir, de forme ronde ou molle, ou si M. Malvy prononça d'une voix tranchante ou faible quelques mots, dont le *Matin* par exemple et la *Petite République* donnent des textes fort différents. Faut-il voir dans de pareilles divergences une illustration nouvelle de ces imperfections du témoignage humain que les psychologues ont mises en lumière ? Je n'oserais pas l'affirmer : car peut-être la plupart de ces récits avaient tout simplement été composés d'avance : ce qui expliquerait fort bien qu'ils reproduisent inexactement des événements, prévus dans leurs grandes lignes, mais dont les menus détail. ne

1. V. p. 384 à la note.
2. *Ibid.*, p. 414, n. 2.
3. VII, p. 375.

pouvaient être prophétisés[1]. Rien ne serait plus instructif qu'une bonne étude, appuyée d'exemples précis, sur la presse de guerre, ses tendances, ses procédés de composition, son action. Les morceaux choisis de M. Lucien Graux ne nous donnent rien de semblable. La critique des sources en est absente.

Les fausses nouvelles sont énumérées confusément, sans autre ordre, semble-t-il, qu'un lien chronologique assez lâche. L'arrière et le front se mêlent. A vrai dire dans l'ensemble le front apparaît assez peu; sa fécondité en beaux récits est méconnue[2]; les conditions particulières que la vie aux tranchées imposait à la propagation des renseignements de tout ordre ne sont décrites nulle part. D'une façon générale aucun effort n'est fait pour analyser les milieux où naissaient et se répandaient les bruits. Que dirait-on de recherches sur la légende napoléonienne qui laisseraient de côté le colportage, ou sur les traditions médiévales qui ignoreraient le rôle joué, dans une société encore peu dense, par les jongleurs, les pèlerins, les marchands, les moines vagabonds? sans doute qu'elles négligent les problèmes essentiels. C'est ce qu'il faut dire aussi de ce livre sur les Fausses Nouvelles de la Guerre, où le

1. Bolo devait être fusillé le 6 avril 1917; il y eut sursis au dernier moment, et l'exécution différée n'eut lieu que le 17. Or, si l'on en croit M. Graux (p. 414, n. 2), on vendit le 6 « une édition spéciale donnant tous les détails de ce qui devait se passer onze jours plus tard ». Malheureusement le fait est cité sans références, ce qui rend la vérification difficile : une édition spéciale, de quel journal? Cette négligence est fâcheuse, car il semble bien que nous tenions là une preuve parfaitement nette de l'habitude de presse que j'indiquais plus haut. Il va de soi qu'une pareille aventure ne peut être considérée que comme un cas extrême, un cas limite. Un bon directeur de journal eût bien fait écrire le récit d'avance pour pouvoir le lancer plus tôt; mais, avant de le publier, il eût attendu au moins d'avoir confirmation de l'événement. Je suppose que, d'ordinaire, les choses se passent comme il suit : les reporters, préoccupés d'être prêts au plus vite, rédigent par anticipation; ils arrivent sur le terrain avec leur « papier » tout fait; après avoir observé, ils le modifient, s'il y a lieu, sur les points importants, mais vraisemblablement sans toucher jamais aux détails accessoires, considérés comme indispensables à la « couleur » de la narration, mais dont la fausseté ne choquera personne, puisque personne, ou presque, ne la reconnaîtra. Voilà du moins ce que j'imagine, peut-être à tort. Il serait extrêmement utile qu'un journaliste nous donnât une bonne étude, sérieuse et sincère, sur les procédés du reportage; rien n'importerait davantage à la critique des sources, telle qu'elle s'impose à l'histoire contemporaine.

2. Voici, en particulier, un passage qui me semble tout à fait inexact : « ... le poilu, les officiers subissaient l'effet, bienfaisant ou nuisible, de la fausse nouvelle, mais le plus souvent, cette fausse nouvelle qui alimentait leurs entretiens était née, à quelques pas, dans la terre à peine remuée d'un trou d'obus... C'est dire qu'elle avait trait, non plus à ce que l'on pourrait appeler les grandes directives de la guerre, mais, à des considérations et des questions *localisées* qui évoluaient à l'aise dans le champ visuel du soldat » (II, p. 249). Je crois que le « champ visuel du soldat » était beaucoup plus vaste que ne le pense M. Graux.

ravitailleur, l'agent de liaison, le vaguemestre, « tout le petit monde errant des routes, des chemins et des boyaux[1] », — où le permissionnaire, lien vivant entre l'âme légendaire du front et celle de l'arrière, se montrent à peine et ne voient nulle part leur action étudiée sérieusement.

Au rébarbatif ouvrage de M. Lucien Graux, s'oppose agréablement l'essai de M. Albert Dauzat, *Légendes, prophéties et superstitions de la guerre*[2]. Cet aimable petit volume ne nous appartient ici que par un côté. Les rites superstitieux issus de la guerre ou renouvelés par elle méritent une étude à part ; je n'y toucherai pas dans le présent article. M. Dauzat leur fait une place importante. Il ne consacre aux fausses nouvelles proprement dites qu'un peu plus d'une centaine de pages. Vis-à-vis des légendes ou même des superstitions, son attitude rappelle en bien des cas celle des philosophes du XVIIIe siècle ; comme eux il aime à les considérer moins comme des fruits naturels de l'âme populaire que comme des fictions adroitement inventées par des hommes ingénieux, dans le dessein d'incliner à leurs vues l'opinion publique ou tout simplement, — s'il s'agit de certains fétiches tel que le couple illustre de Nénette et Rintintin, — afin de lancer un commerce[3]. Si l'on ne consultait que certains esprits romantiques, on croirait que dans la formation des légendes tout n'est que spontanéité et qu'inconscient ; il est bon que de temps en temps un sceptique vienne nous rappeler qu'il y a eu de par le monde des menteurs habiles qui ont réussi à en imposer aux foules. On lit M. Dauzat avec plaisir, comme on écoute un causeur brillant, qui égrène ses souvenirs et les commente non sans finesse ; il amuse toujours, il fait réfléchir souvent. Ne lui demandons pas des recherches approfondies, appuyées sur une critique sérieuse des sources. Il a préféré effleurer les problèmes, plutôt que de les creuser.

Aussi bien, comment s'étonner que les sujets immenses que s'étaient fixés le docteur Lucien Graux et M. Dauzat n'aient pu être traités par eux, dans leur ampleur, avec toute la précision que l'on est en droit d'attendre de travaux historiques. Une vaste synthèse

1. Jérôme et Jean Tharaud, *La Relève*, p. 3.
2. In-12, Paris, s. d.
3. Voir, en particulier, le chapitre v (p. 113 et suiv.) intitulé : *Légendes utilitaires religieuses et politiques* et p. 250. Ai-je besoin d'ajouter que M. Dauzat n'a jamais pensé pouvoir expliquer *toutes* les légendes de cette façon-là ? Je n'ai voulu qu'indiquer une tendance d'esprit.

n'est possible qu'après que de bonnes monographies ont préparé la matière. Ce qu'il nous faut, pour l'instant, sur les fausses nouvelles de guerre, ce sont des études de détail, soigneuses et limitées : cas typiques pris isolément, ou cycles légendaires, bien déterminés, suivis dans leur genèse et leurs ramifications. C'est ce qu'ont cherché à nous donner deux auteurs, rompus aux bonnes méthodes, un historien anglais, M. Oman, un sociologue belge, M. van Langenhove.

Président, en 1918, de la Société Historique Royale, M. Oman fut appelé à prononcer en séance plénière l'allocution d'usage ; il choisit pour sujet la fausse nouvelle, ou plutôt, pour me servir de ses propres termes, il s'efforça « d'illustrer la psychologie de la Rumeur par l'examen d'incidents qui ont eu lieu pendant la présente guerre[1] ». On trouvera dans cette courte dissertation, à côté de remarques générales souvent pénétrantes, mais un peu rapides, une étude plus fouillée sur une légende célèbre : celle des renforts russes.

On se souvient de ce bruit qui, vers la fin d'août 1914, se répandit en Grande-Bretagne et en France, comme s'allume une traînée de poudre : les Russes, par dizaines de mille, débarquant selon les uns dans les ports écossais, selon d'autres à Marseille, venaient grossir les rangs des alliés occidentaux. Autant que j'en puis juger, c'était une fausse nouvelle d'arrière ; j'ignore si, sur certains points, elle gagna les armées ; je ne crois pas qu'elle y ait eu son origine. M. Oman analyse fort bien l'état d'âme qui s'exprima en elle : désir passionné de voir se renforcer le front, pour lequel on tremblait, — prestige de la Russie, conçue par la pensée populaire et dépeinte par la presse comme un inépuisable réservoir d'hommes. Mais quel fut l'incident premier dont naquit l'erreur ? la chiquenaude, si je puis dire, qui mit en branle les imaginations ? Les hypothèses que M. Oman, non sans hésitation, propose à ce sujet, — présence à Édimbourg d'officiers d'état-major russes, à Liverpool de réservistes russes, arrivés d'Amérique — ne me satisfont qu'à moitié ; ou pour mieux dire, j'estime qu'une hypothèse unique ne saurait suffire. M. Oman paraît ignorer que

1. C. W. C. Oman, *Presidential Adress. Transactions of the Royal Historical Society, Fourth Series*, I (1918), p. 1-27. Une partie du mémoire de M. Oman est consacrée à la légende superstitieuse, ou peut-être tout simplement purement littéraire, des « Anges de Mons » ; cf. Dauzat, *loc. cit.*, p. 32.

la fausse nouvelle courut la France aussi bien que l'Angleterre, et semble-t-il à peu près au même moment. C'est là, à mon avis, le fait crucial.

Y eut-il emprunt d'un pays à l'autre? Des recherches détaillées permettraient sans doute de répondre avec quelque certitude; une comparaison chronologique entre les témoignages anglais et français formerait le nœud du débat; on devrait aussi s'attacher à déterminer si le bruit apparut en France d'abord dans les régions en contact direct avec les armées britanniques. Je n'ai pu faire ce travail. Mais j'ai l'impression que la légende, bien loin d'avoir passé la Manche, naquit spontanément à la fois en France et en Angleterre, et, probablement, en même temps sur plusieurs points tant du territoire français que du territoire anglais. La psychose collective était partout la même; les incidents qui dans chaque cas particulier furent l'occasion du faux récit, différents dans leurs détails, se trouvèrent vraisemblablement pareils dans leurs traits essentiels : c'était la vue d'uniformes inaccoutumés, c'était une langue inconnue parlée par des soldats étrangers. Des perceptions justes en leur principe, mais mal interprétées, — unanimement déformées pour s'accorder aux ardents désirs de tous, — telle fut sans doute l'origine de la fausse nouvelle russe, comme de tant d'autres.

J'arrive enfin à l'étude de M. Fernand van Langenhove : *Comment naît un cycle de légendes, Francs-Tireurs et atrocités en Belgique*[1]. On ne saurait le lire sans émotion; en tout temps la rigueur de sa méthode et la rare intelligence psychologique qui y brille en eussent fait une œuvre de prix; mais ce qui la rend proprement admirable, c'est qu'elle ait été écrite en 1917, par un Belge. Si la légende des francs-tireurs, au lieu d'apparaître alors comme souillée d'un sang encore tout frais, avait été un de ces vieux mythes innocents dont sourient les folkloristes, M. van Langenhove n'eût pu en parler avec plus de probité et de calme. La bonne foi profonde qui anime ce petit livre ne lui a pas seulement donné, au moment où il a été composé, une force persuasive que l'art oratoire le plus consommé n'eût pu égaler; elle l'a élevé au-dessus des circonstances où il naquit; parmi les travaux de psychologie collective, il se place au tout premier rang.

1. In-8, Paris, 1916. On en trouvera une analyse (publiée avant l'apparition même du livre) par F. Passelecq, sous le titre de : *Un Cycle de légendes allemandes. Francs-tireurs et atrocités belges*, dans le *Correspondant*, 25 déc. 1915, p. 997.

M. van Langenhove n'a voulu consulter que des sources allemandes : témoignages de soldats, articles de presse, procès-verbaux officiels. La plupart de ces textes avaient déjà été rassemblés avant lui, en Allemagne même. Dès les premiers combats, lorsque se répandirent parmi les troupes assaillantes et à l'arrière ces récits atroces, qui, selon la forte parole du *Hannoversche Courier*, faisaient apparaître « les Belges des deux sexes comme des bêtes altérées de sang », dans cette symphonie discordante de racontars et d'impostures, on put remarquer qu'un thème se dessinait sur l'ensemble d'un trait plus net : à la tête des espions, des francs-tireurs, des massacreurs de blessés, des pétroleuses, l'imagination soldatesque plaçait les prêtres. Les catholiques allemands s'émurent ; cette légende anticléricale qui menaçait de soulever contre eux, dans leur propre pays, des haines redoutables ne pouvait les laisser indifférents. D'où des enquêtes comme celles que mena le bureau *Pax* de Cologne, et le livre d'un jésuite, déjà connu par d'estimables ouvrages historiques, le Père Duhr : *Der Lügengeist im Volkskrieg*. L'amour de la vérité absolue n'inspirait pas ces travaux : que la population belge dans sa masse fût coupable ou bien injustement calomniée, là n'était pas la question ; il fallait seulement que le clergé fût reconnu innocent ; une fois l'honneur des prêtres vengé, rien n'importait plus. Mais dans un cycle d'erreurs tout se tient ; en enlever une pierre, c'est faire crouler l'édifice entier. M. van Langenhove a pris des mains des apologistes allemands les documents qu'ils avaient recueillis et qui dans leur pensée ne devaient servir que des intérêts étroitement confessionnels ; il les a employés à un dessein plus vaste. Les classant avec méthode, s'efforçant d'en retracer les filiations, les soumettant en un mot aux règles d'une critique sagace, il a su grâce à eux jeter une vive lumière sur tout le groupe de légendes qu'il se proposait d'étudier.

Un pareil livre, dont toute la force réside dans la précision de l'instrument critique et dans la finesse des analyses, ne se laisse guère résumer. Mais on peut essayer d'en dégager les résultats principaux, qui sont d'une portée très générale. Lorsqu'on compare les images multiples fournies par M. van Langenhove, on voit, leurs traits fondamentaux se recouvrant, apparaître comme un dessin schématique de la fausse nouvelle d'« atrocités » ; reproduire ce schéma, c'est ce que je voudrais tenter ici. Bien entendu je ne m'attache qu'à la fausse nouvelle sincère; dans le cycle, de simples mensonges ont sans doute trouvé place; mais l'imposture consciente d'elle-même ne présente, aux yeux de l'historien ou du psychologue, rien de bien curieux[1].

A l'origine, nous rencontrons un état d'âme collectif. Le soldat allemand, qui, la guerre à peine commencée, entre en Belgique, vient d'être tout à coup enlevé à ses champs, à son atelier, à sa famille, ou du moins à la vie réglée de la caserne; de ce dépaysement soudain, de ce brusque déchirement des liens sociaux essentiels naît déjà un grand trouble moral. Les marches, les mauvais logements, les nuits sans sommeil fatiguent à l'extrême des corps qui n'ont pas encore eu le temps de s'assouplir à ces dures épreuves. Combattants novices, les envahisseurs sont hantés de terreurs d'autant plus fortes qu'elles demeurent nécessairement assez vagues; « les nerfs sont tendus, les imaginations surexcitées, le sens du réel ébranlé[2] ». Or ces hommes ont été nourris de récits relatifs à la guerre de 1870; dès leur enfance on leur a rebattu les oreilles des atroces exploits prêtés aux francs-tireurs français; ces contes ont été répandus par le roman et par l'image; des ouvrages militaires leur ont conféré une sorte de garantie officielle;

1. En revanche, rien n'est plus curieux que de voir un mensonge prendre pour point de départ une erreur spontanée. Un bon exemple de cette transformation d'une erreur sincère en imposture est peut-être fourni, hors de Belgique, par l'histoire de l'« avion de Nuremberg ». La déclaration de guerre remise le 3 août 1914 au président du Conseil français par l'ambassadeur d'Allemagne invoquait, entre autres prétextes, celui-ci : un aviateur français aurait « jeté des bombes sur le chemin de fer près de Karlsruhe et de Nuremberg » (*Livre Jaune*, p. 131). On sait que longtemps après la municipalité de Nuremberg démentit cette absurdité (cf. Fernand Roche, *Manuel des Origines de la Guerre*, p. 275, n. 2). Que le gouvernement allemand, ayant en main tous les moyens de vérification, y ait jamais cru, personne ne le pensera. Mais le mensonge ne naquit sans doute pas de toutes pièces dans le cerveau d'un homme d'État inventif; on peut supposer qu'il eut pour origine une fausse nouvelle populaire. Il n'est pas impossible, en effet, qu'un avion français, au cours d'une randonnée pacifique, entreprise bien avant la déclaration de guerre, n'ait, le 1er août 1914, très innocemment survolé Nuremberg (v. *Le Temps*, 9 octobre 1919). La chose n'est pas tout à fait certaine : on l'a niée; une petite enquête critique s'imposerait. Si elle devait faire ressortir l'exactitude du fait, on en pourrait tirer une conclusion intéressante. Il n'est pas douteux que si les Nurembergeois ont vu, le 1er août 1914, apparaître dans leur ciel un avion français, ils ont dû craindre fortement qu'il ne jetât des bombes; de là à croire qu'en réalité il en jetait, il n'y a qu'un pas que des esprits surexcités par les émotions d'une guerre prochaine ont certainement franchi. La fausse nouvelle est forcément parvenue aux oreilles des gouvernants à Berlin. Là, elle a dû paraître peu vraisemblable; mais, plutôt que de la vérifier, on a préféré s'en servir. L'imagination est une qualité moins répandue qu'on le croit quelquefois; bien des menteurs en ont peu, et le mensonge consiste probablement assez souvent à reproduire, en le sachant faux, un récit sincèrement erroné.

2. Cf. van Langenhove, p. 117.

plus d'un manuel que les gradés ont dans leur sac enseigne comment on doit se conduire envers les civils rebelles; c'est donc qu'il y en aura. La résistance des troupes belges, l'hostilité de la population belge étonnent profondément l'Allemand du commun; il ne croyait faire la guerre qu'aux Français; le plus souvent il ne connaît pas la réponse du gouvernement de Bruxelles à l'ultimatum du 2 août; s'il la connaît il ne la comprend pas; sa surprise se change aisément en indignation; il croit volontiers capable de tout le peuple qui ose se dresser devant la nation élue. Ajoutez enfin que dans les esprits traînent à l'état de souvenirs inconscients, une foule de vieux motifs littéraires, — tous ces thèmes que l'imagination humaine, au fond très pauvre, ressasse sans cesse depuis l'aurore des âges : histoires de trahisons, d'empoisonnements, de mutilations, de femmes crevant les yeux des guerriers blessés, que chantaient jadis aèdes et trouvères, que popularisent aujourd'hui le feuilleton et le cinéma. Telles sont les dispositions émotives et les représentations intellectuelles qui préparent la formation légendaire; telle est la matière traditionnelle qui fournira à la légende ses éléments.

Pour que la légende naisse, il suffira désormais d'un événement fortuit : une perception inexacte, ou mieux encore une perception inexactement interprétée. Voici, entre plusieurs, un exemple caractéristique[1]. « Des ouvertures étroites, fermées au moyen de plaques mobiles en métal, sont pratiquées dans la plupart des façades de maisons en Belgique ». Ce sont « des trous de hourdage, destinés à fixer les échafaudages de plafonneurs ou de peintres de façades », correspondant au dispositif de crochets qui, en d'autres régions, remplit le même office. Cette habitude de construction est, semble-t-il, propre à la Belgique; du moins est-elle étrangère à l'Allemagne. Le soldat allemand remarque les ouvertures; il n'en comprend pas la raison d'être; il cherche une explication. « Or il vit au milieu des images des francs-tireurs..... Quelle explication imaginerait-il qui ne lui soit suggérée par cette idée fixe? » Les yeux mystérieux qui percent la face de tant de maisons, ce sont des meurtrières. Se préparant de longue date à une guerre de guérillas et d'embûches, les Belges les ont fait établir, comme dit une brochure vendue hélas! au profit de la Croix Rouge, par des

1. P. 185 suiv.

« techniciens spécialistes » : ce peuple n'est pas seulement homicide; il a prémédité ses assassinats. Ainsi une innocente particularité architecturale passe pour la preuve d'un crime savamment mûri. Supposons maintenant que dans un village bâti de la sorte quelques balles, parties d'on ne sait où, viennent à s'égarer. Comment ne pas penser qu'elles ont été tirées à travers les « meurtrières »? En bien des cas sans doute on le pensa; et les troupes firent prompte justice des maisons traîtresses et de leurs habitants.

D'autres conjectures de même force entraînèrent des châtiments aussi bien fondés. Or (c'est un point qui semble avoir échappé à M. van Langenhove) du moment où l'erreur avait fait couler le sang, elle se trouvait définitivement établie. Des hommes animés d'une colère aveugle et brutale, mais sincère, avaient incendié et fusillé; il leur importait désormais de garder une foi parfaitement ferme en l'existence d'« atrocités », qui seules pouvaient donner à leur fureur une apparence équitable; il est permis de supposer que la plupart d'entre eux eussent reculé d'horreur s'ils avaient dû reconnaître la profonde absurdité des terreurs paniques qui les avaient poussés à commettre tant d'actes affreux; mais ils ne reconnurent jamais rien de semblable. Encore aujourd'hui l'Allemagne dans sa masse est probablement persuadée que ses soldats en grand nombre sont tombés victimes des guet-apens belges : conviction d'autant plus inébranlable qu'elle se refuse à tout examen. On croit aisément ce que l'on a besoin de croire. Une légende qui a inspiré des actions retentissantes et surtout des actions cruelles est bien près d'être indestructible.

Toutes ces fausses nouvelles se formèrent dans les armées mêmes, sous le feu. M. van Langenhove a fort bien montré comment elles furent transmises vers l'intérieur du pays : d'abord de première main par les lettres des combattants et par les rapports des blessés; qui, en ces premiers jours de la guerre, eût osé contredire un soldat frappé sur le champ de bataille? puis de seconde main, par les récits des journalistes et des infirmières. Bien entendu en passant des uns aux autres elles ne manquaient point de s'amplifier et de s'embellir; surtout les milieux de l'arrière, plus réfléchis, souvent plus instruits, les élaborèrent de façon à mieux les coordonner entre elles et à leur conférer une sorte de caractère rationnel. On s'étonnait parfois que ces Belges, d'apparence si bonhomme, se fussent révélés si méchants; il se trouva un savant pour démontrer que toutes les atrocités des francs-tireurs étaient déjà, pour qui savait lire, inscrites en puissance dans l'art flamand[1]. Une unité profonde animait déjà toutes ces légendes, nées au front d'un état d'âme commun; l'esprit de la bourgeoisie allemande, méthodique et un peu pédant, en fit un système d'erreurs bien construit et fondé sur l'histoire[2].

III

Je voudrais maintenant, m'appuyant sur les ouvrages qui viennent d'être analysés et sur mon expérience personnelle, présenter quelques remarques rapides touchant les fausses nouvelles de guerre et les problèmes qui se posent à leur propos.

Voici d'abord une fausse nouvelle, dont j'ai pu observer moi-même très exactement la genèse. Elle est de peu d'ampleur et de peu de portée; une toute petite légende, modeste et presque insignifiante; mais, — comme le sont souvent en tout ordre de science les cas très simples, — elle me paraît parfaitement typique.

C'était au mois de septembre 1917. Le régiment d'infanterie dont je faisais partie occupait sur le plateau du Chemin-des-Dames, au nord de la petite ville de Braisne[3], le secteur dit l'Épine-de-Chevregny. On ignorait quelles unités nous avions en face de nous; il fallait le savoir; car le commandement qui préparait à ce moment, dans la même région, l'attaque de la Malmaison, ne pouvait admettre de lacunes dans ses connaissances sur le plan de bataille ennemi. Nous reçûmes l'ordre de faire des prisonniers. Un coup de

1. Le professeur B. Händecke, de Königsberg, dans un article intitulé : *Die belgischen Franktireurs und die Kunst Belgiens*, *Nationale Rundschau*, I (1914-15). Cf. van Langenhove, p. 251 suiv. Je n'ai pu voir l'article de Händecke.

2. L'imagination populaire déforme toujours. Quelles qu'aient été les « atrocités » hélas ! trop réelles perpétrées par les Allemands sur le sol français, il s'est mêlé aux récits qui en furent faits bien des scories légendaires : telle, si je ne me trompe, la légende des « mains coupées ». Il y aurait là pour un esprit probe et courageux un sujet d'étude fort attachant. Aussi bien conviendrait-il de dresser une bonne fois le bilan exact des crimes allemands, en en éliminant tout ce qui est « fausses nouvelles » ou même renseignement douteux : de quelle utilité un pareil travail ne serait-il pas, non seulement pour l'histoire sereine, mais aussi pour notre propagande à laquelle, depuis la paix, il reste encore une tâche utile à accomplir, — en Alsace-Lorraine, dans les pays amis ou alliés, en Allemagne même? La vérité perd de sa force, lorsqu'elle est mêlée à des erreurs.

3. Aisne, arr. Soissons. Bien entendu, on prononce sans faire sentir l'S.

main fut monté, — un de ces coups de main luxueux, comme on les organisait alors, à grand renfort d'artillerie de tout calibre; et dans les ruines d'un petit poste allemand, écrasé sous les obus, la troupe d'assaut surprit en effet et ramena dans nos lignes une sentinelle. J'eus l'occasion d'interroger cet homme; c'était un soldat d'une classe déjà âgée, réserviste bien entendu, et dans le civil bourgeois de la vieille ville hanséatique de Brême. Puis il fila vers l'arrière sous bonne escorte; et nous pensâmes bien ne jamais plus en entendre parler. Peu de temps après, une curieuse histoire arriva peu à peu à nos oreilles; des artilleurs, des conducteurs du ravitaillement la racontaient. Ils disaient à peu près ceci : « Ces Allemands! quels organisateurs merveilleux! ils avaient partout des espions. On fait un prisonnier à l'Épine-de-Chevregny; qui trouve-t-on? un individu qui, en temps de paix, était établi commerçant à quelques kilomètres de là : à Braisne. »

Ici l'accident premier qui fut à l'origine de la fausse nouvelle apparaît avec évidence. C'est le nom de Brême mal perçu, ou mieux, c'est — par un travail d'interprétation inséparable de la perception elle-même — la substitution, dans l'esprit d'auditeurs qui ignoraient profondément la géographie, au son exact dépourvu pour eux de toute espèce de signification, d'un son analogue, mais plein de sens, puisqu'il désignait une petite ville connue de tous. A ce premier effort d'interprétation s'en ajouta bien vite un second; ce marchand qui, après avoir tenu boutique en France, reparaissait tout à coup sous l'habit d'un troupier ennemi, ne pouvait être qu'un espion; et comme on estimait généralement les Allemands capables de toutes les ruses, la nouvelle ainsi formée trouva aisément créance et fit tache d'huile. A dire vrai, cette seconde conclusion était sans doute déjà impliquée dans l'erreur originelle. Que les Allemands eussent, avant la guerre, enveloppé notre pays d'un prodigieux réseau d'espionnage, c'est ce dont personne chez nous ne doutait. Cette idée pouvait s'appuyer sur un nombre malheureusement trop grand d'observations certaines; mais les renseignements exacts avaient été étrangement grossis et dramatisés par la voix populaire : pendant les mois d'août et de septembre 1914, le désir d'expliquer par des causes extraordinaires nos premières défaites avait fait retentir partout le cri de trahison; peu à peu la croyance était devenue une sorte de dogme qui ne comptait presque pas d'infidèles. Par moment, les troupes en étaient comme hantées. Qui n'a vu alors prendre pour des signaux suspects les plus innocentes lumières, ou même (je garantis l'histoire) les ombres alternantes produites sur lés fenêtres d'un clocher par le vol inégal d'un couple de chouettes? Chacun était à l'affût de ce qui pouvait confirmer un préjugé si commun. D'ordinaire, des hommes peu instruits ne se préoccupent guère de comprendre ou de ne comprendre pas un nom géographique. Si l'on a entendu Braisne au lieu de Brême, c'est vraisemblablement parce que beaucoup de soldats inconsciemment tendaient à déformer tous les récits qui leur venaient aux oreilles, pour les accorder à une opinion généralement acceptée, qui flattait l'imagination romantique des foules.

Une fois de plus nous retrouvons ici un très grand fait vers lequel semblent nous ramener tous les travaux relatifs aux légendes de guerre. C'est une conclusion générale, que les études futures devront sans doute prendre comme idée directrice afin de vérifier si elle s'applique à tous les cas. On peut la formuler comme il suit. Une fausse nouvelle naît toujours de représentations collectives qui préexistent à sa naissance ; elle n'est fortuite qu'en apparence, ou, plus précisément, tout ce qu'il y a de fortuit en elle c'est l'incident initial, absolument quelconque, qui déclanche le travail des imaginations ; mais cette mise en branle n'a lieu que parce que les imaginations sont déjà préparées et fermentent sourdement. Un événement, une mauvaise perception par exemple qui n'irait pas dans le sens où penchent déjà les esprits de tous, pourrait tout au plus former l'origine d'une erreur individuelle, mais non pas d'une fausse nouvelle populaire et largement répandue. Si j'ose me servir d'un terme auquel les sociologues ont donné souvent une valeur à mon gré trop métaphysique, mais qui est commode et après tout riche de sens, la fausse nouvelle est le miroir où « la conscience collective » contemple ses propres traits.

Les raisons pour lesquelles la guerre a été si féconde en fausses nouvelles sont pour la plupart trop évidentes pour qu'il vaille la peine d'y insister. On ne dira jamais assez à quel point l'émotion et la fatigue détruisent le sens critique. Je me souviens que lorsque, dans les derniers jours de la retraite, un de mes chefs m'annonça que les Russes bombardaient Berlin, je n'eus pas le courage de repousser cette image séduisante ; j'en sentais vaguement l'absurdité et je l'eusse certainement rejetée si j'avais été capable de réfléchir sur elle ; mais elle était trop agréable pour qu'un esprit déprimé dans un corps lassé eût la force de ne l'accepter point. Le doute méthodique est d'ordinaire le signe d'une bonne santé mentale ; c'est pourquoi des soldats harassés, au cœur troublé, ne pouvaient le pratiquer.

Le rôle de la censure a été considérable. Non seulement pendant toutes les années de guerre elle a bâillonné et paralysé la presse, mais encore son intervention, soupçonnée toujours alors même qu'elle ne se produisait point, n'a cessé de rendre incroyables aux yeux du public jusqu'aux renseignements véridiques qu'elle laissait filtrer. Comme l'a fort bien dit un humoriste : « l'opinion prévalait aux tranchées que tout pouvait être vrai à l'exception de ce qu'on laissait imprimer[1] ». D'où — en cette carence des journaux, à quoi s'ajoutait sur la ligne de feu l'incertitude des relations postales, médiocrement régulières et qui passaient pour surveillées — un renouveau prodigieux de la tradition orale, mère antique des légendes et des mythes. Par un coup hardi que n'eût jamais osé rêver le plus audacieux des expérimentateurs, la censure, abolissant les siècles écoulés, ramena le soldat du front aux moyens d'information et à l'état d'esprit des vieux âges, avant le journal, avant la feuille de nouvelles imprimée, avant le livre.

On a vu tout à l'heure comment un jour, par la vertu d'imaginations qu'avaient échauffées des récits d'espionnage, un bourgeois de Brême se mua en un espion, traîtreusement établi à Braisne. Où s'opéra d'abord cette transfiguration ? non pas précisément sur la ligne de feu, mais un peu plus loin de l'ennemi, dans les batteries, les convois, les cuisines. C'est de cet « arrière » relatif que le bruit reflua vers nous. Telle était la marche que suivaient presque toujours les fausses nouvelles. La raison en apparaît clairement : les fausses nouvelles ne naissent que là où des hommes venant de groupes différents peuvent se rencontrer. On ne saurait imaginer d'existence plus isolée que celle du soldat aux avant-postes, au moins pendant la guerre de position. Les individus, il est vrai, ne vivaient point seuls ; mais ils étaient répartis par petites fractions fort séparées les unes des autres. Se déplacer, c'était d'ordinaire risquer la mort ; d'ailleurs le soldat n'avait point le droit de bouger sans ordre. L'histoire a dû connaître des sociétés ainsi

1. Pierre Chaine, *Les Mémoires d'un Rat*, p. 61, cité par Graux, II, p. 277, n. 1.

dispersées, où le contact entre les différentes cellules sociales ne se faisait que rarement et difficilement, — à époques variables par les chemineaux, les frères quêteurs, les colporteurs, — plus régulièrement aux foires ou aux fêtes religieuses. Le rôle des colporteurs ou des vagabonds de tout ordre, voyageurs intermittents dont le passage échappait à toute prévision, était joué au front par les agents de liaison, les téléphonistes réparant leurs lignes, les observateurs d'artillerie, — tous gens d'importance, que les gradés interrogeaient avidement, mais qui frayaient peu avec les simples troupiers. Les communications périodiques, beaucoup plus importantes, étaient rendues nécessaires par le souci de la nourriture. L'« agora » de ce petit monde des tranchées, ce furent les cuisines. Là, une ou deux fois par jour, les ravitailleurs venus des différents points de l'avant se retrouvaient et bavardaient entre eux, ou avec les cuisiniers; ceux-ci savaient d'ordinaire beaucoup, car ils avaient le rare privilège de pouvoir quotidiennement échanger quelques mots avec les conducteurs du train régimentaire, hommes heureux qui cantonnaient parfois à proximité des civils. Ainsi, pour un instant, autour des feux en plein vent ou des foyers des « roulantes » se nouaient, entre des milieux singulièrement dissemblables, des liens précaires. Puis les corvées s'ébranlaient par les pistes ou les boyaux et rapportaient vers les lignes, avec leurs marmites, les faux renseignements tout prêts pour une nouvelle élaboration. Sur une carte du front, un peu en arrière des traits entrelacés qui dessinent dans leurs détours infinis les premières positions, on pourrait ombrer de hachures une zone continue; ce serait la zone de formation des légendes.

Somme toute une société très lâche, où les liaisons entre les divers éléments qui la composaient ne se faisaient que rarement et imparfaitement, non pas de façon directe, mais seulement par l'intermédiaire de certains individus presque spécialisés, telle nous apparaît ce que l'on pourrait appeler la société des tranchées. En cela aussi, comme en ce qui touche la prépondérance de la tradition orale, la guerre nous a donné l'impression de nous ramener vers un passé très reculé. Or il semble bien que cette constitution sociale ait singulièrement favorisé la création et l'expansion des fausses nouvelles. Des relations fréquentes entre les hommes rendent aisée la comparaison entre les différents récits et par là même excitent le sens critique. Au contraire, on croit fortement le narrateur qui vient à longs intervalles, de pays lointains ou tenus pour tels, par des chemins difficiles[1]. Il y a là des indications dont les historiens feront bien de tenir compte.

Étudier l'action des différents milieux, aux différentes époques de la guerre, sur la naissance, la diffusion, les transformations des récits paraît une des tâches les plus importantes qui s'offrent aujourd'hui aux personnes curieuses de psychologie collective. La guerre de position a eu ses fausses nouvelles ; la guerre de mouvement a eu les siennes, qui n'étaient sans doute pas du même type. Les erreurs de l'arrière et celles du front ne furent point pareilles. Dans chacune des armées alliées ou ennemies un folklore particulier s'épanouit. On vit, il est vrai, quelques légendes douées d'une vitalité très forte traverser les groupes sociaux les plus divers ; mais à chaque passage elles se coloraient de teintes nouvelles. Rien ne serait plus instructif que de les suivre dans leurs pérégrinations. Parmi elles, les plus remarquables peut-être furent celles qui s'attachèrent à certains individus, que leurs actes ou leur situation rendaient particulièrement propres à frapper l'imagination commune. Autour de ces figures, chargées aux yeux de la foule les unes de gloire et les autres d'opprobre, une prodigieuse floraison de représentations presque mythiques se développa. Le kronprinz par exemple eut son cycle, en Allemagne, semble-t-il, aussi bien qu'en France. Qui écrira la vie légendaire du kronprinz allemand[2] ?

Mais pour l'instant la besogne la plus urgente est de recueillir les matériaux. Il est temps d'ouvrir une enquête sérieuse sur les fausses nouvelles de la guerre ; car les quatre années terribles reculent déjà dans le passé et, plus tôt qu'on ne croit, les générations qui les ont vécues vont peu à peu commencer à disparaître.

1. Ou si l'on tient quelquefois ses dires pour suspects, ce doute est aussi absurde et dépourvu de méthode que la foi la plus aveugle. Ainsi, au front, on voyait le même homme, alternativement, accepter bouche bée les récits les plus fantaisistes ou repousser avec mépris les vérités les plus solidement établies ; le scepticisme n'y était guère qu'une forme de la crédulité.

2. Cf. les indications sur quelques questions à traiter données par C. Jullian dans une note intitulée : *Folklore en temps de guerre*, *Revue des études anciennes*, XVII (1915), p. 73. Voir aussi, sur le folklore militaire, un questionnaire dressé par le professeur suisse E. Hoffmann Krayer et reproduit dans la *Revue des Traditions populaires*, XXX, 1915, p. 107. On trouvera quelques indications sur les fausses nouvelles allemandes dans A. Pingaud, *La Guerre vue par les combattants allemands*, *Revue des Deux-Mondes*, 1916, 15 décembre ; cf. Dauzat, *loc. cit.*, p. 103.

Quiconque a pu et su voir doit dès maintenant rassembler ses notes ou mettre par écrit ses souvenirs. Surtout ne laissons pas le soin de ces recherches à des hommes que rien n'aurait préparés au travail historique. En pareille matière, les observations vraiment précieuses sont celles qui émanent de personnes rompues aux méthodes critiques et habituées à étudier les problèmes sociaux. C'est pourquoi je terminerai cet article par un appel aux lecteurs de la *Revue de Synthèse*. Sur le sujet qui vient de nous occuper, beaucoup d'entre eux sans doute ont quelque chose à dire. La Revue accueillera volontiers leurs contributions; s'ils préfèrent ne point mettre en forme eux-mêmes ce qu'ils savent, je serai heureux pour ma part de recevoir leurs lettres, et, éventuellement s'ils veulent bien, de les utiliser. La guerre, je l'ai dit plus haut, a été une immense expérience de psychologie sociale. Se consoler de ses horreurs en se félicitant de son intérêt expérimental serait affecter un dilettantisme de mauvais ton. Mais, puisqu'elle a eu lieu, il convient d'employer ses enseignements, au mieux de notre science. Hâtons-nous de mettre à profit une occasion, qu'il faut espérer unique.

MARC BLOCH.

CENTRES D'ÉTUDES

ET DE DOCUMENTATION

POUR L'HISTOIRE DE LA GUERRE

I

BIBLIOTHÈQUE ET MUSÉE FRANÇAIS DE LA GUERRE

On trouvera plus loin une étude de mon très distingué collaborateur, M. Pierre Renouvin, relative aux centres créés à l'étranger pour la documentation de la guerre. Le soin m'a été réservé de rédiger la notice concernant celui que l'État français a constitué sous le nom de *Bibliothèque et Musée de la Guerre* et dont les circonstances m'ont amené à diriger l'organisation.

I. — Origine de l'Institution. — Voici d'abord quelques renseignements sur l'origine de l'institution.

Elle est née d'une initiative privée. Dès le commencement de la guerre, M. et Mme Henri Leblanc eurent l'idée de recueillir les documents imprimés et figurés au fur et à mesure de leur apparition. Peu à peu, ils étendirent le champ de leurs recherches de Paris à la France entière, puis à l'étranger (pays alliés, neutres, et même ennemis, notamment à l'Allemagne par l'intermédiaire de la Suisse).

Ainsi parvinrent-ils à former, avec leurs seules ressources personnelles, une œuvre composée à la fois d'une bibliothèque et d'un musée. Ils mirent libéralement leurs collections à la disposition des travailleurs, ouvrirent même une fois par semaine aux visiteurs l'appartement où leurs richesses documentaires et artistiques étaient réunies, classées, exposées. Ils entreprirent aussi la publication d'un catalogue qui compte déjà sept volumes (le premier paru en octobre 1916), et cette publication se poursuit encore.

Au mois d'août 1917, ils firent don à l'État de leurs collections, qui sont devenues la base fondamentale de l'institution officiellement désignée, selon les termes du contrat, sous le nom de *Bibliothèque et Musée de la Guerre* (*fondés avec les collections Henri Leblanc* [1]).

En rapprochant ces indications de celles que M. Renouvin donne ci-après, on voit qu'une bibliothèque et un musée spéciaux se sont trouvés constitués en France avant tout autre pays [2].

A côté de cette création d'initiative privée, un projet d'initiative parlementaire. Le 23 juillet 1917, peu de jours avant l'acte de donation Leblanc, la Chambre adoptait une proposition de résolution émanée de M. André Honnorat et complétée par un amendement de M. Jean Locquin, proposition dont les termes définitifs se trouvèrent fixés dans les conclusions du rapport de M. Louis Deshayes au nom de la Commission de l'Enseignement et des Beaux-Arts [3].

« La Chambre invite le Gouvernement à faire rassembler d'urgence dans une bibliothèque spéciale tous ouvrages et publications de toute nature relatifs à la guerre, périodiques et non périodiques,

1. L'importance et la richesse des collections Leblanc sont attestées : 1° par leur catalogue (bibliographique et iconographique) ; 2° par la nomenclature détaillée et numérique des pièces et objets qui les composent, nomenclature mise en tête du tome V dudit catalogue et reproduisant les chiffres de l'acte de donation du 4 août 1917. — On nous saura certainement gré de donner quelques indications sur le catalogue. Son titre général est : *La Grande Guerre : Iconographie, Bibliographie, Documents divers. Catalogue raisonné*. Deux grandes parties : *Bibliographie :* France et Pays étrangers, tomes II, III, IV rédigés par Marcel Rieunier. — *Iconographie*, tomes I, V, VII, rédigés par Charles Callet. — *Répertoire méthodique de la presse quotidienne française pendant la guerre* (*tome Ier, année 1914*), tome VI, rédigé par Camille Bloch. — En préparation et sous presse, la fin de la *Bibliographie*, qui comptera trois volumes, dont deux consacrés aux ouvrages publiés entre le 1er août 1916 et le 1er août 1917, le troisième à un index général ; la fin de l'*Iconographie* (deux volumes consacrés aux documents allemands et austro-hongrois).

2. Il n'est que juste de mentionner une autre tentative intéressante faite en France, celle de la création d'un fonds spécial de la guerre à la Bibliothèque municipale de Lyon, sur l'initiative du conservateur en chef, M. Cantinelli, encouragée par M. Herriot, maire. Un catalogue a été publié, mais malheureusement interrompu après le fascicule 18.

3. Le rapport Deshayes (Chambre des Députés, IIe Législature, session de 1917, n° 3273, annexe au procès-verbal de la séance du 5 avril 1917) comprend 12 pages in-4°. L'auteur définit « la matière à recueillir », trace « les lignes générales de la méthode de classement », détermine « les voies et moyens d'exécution ».

d'origine officielle ou privée, déjà parus ou à paraître en France et à l'étranger ;

« A faire procéder au classement, ainsi qu'à la rédaction de catalogues, de répertoires et de recueils des documents ainsi réunis, le tout en conformité des méthodes de l'érudition historique ;

« A rattacher à la bibliothèque ainsi constituée toutes les collections relatives à la guerre qui pourront être recueillies par l'État, dans un but d'études et de documentation ».

C'est en conformité de ce vote de la Chambre des Députés comme du contrat de la donation Leblanc que le Gouvernement put obtenir, avec le concours particulièrement actif de M. Honnorat au Parlement, les premiers crédits nécessaires à la mise en marche du nouvel établissement.

Il serait trop long d'exposer ici les difficultés initiales de toute nature opposées à son fonctionnement ; elles sont loin d'être toutes résolues à l'heure actuelle ; d'autres ont depuis lors surgi. Cela est dû à des circonstances générales contre lesquelles la volonté des hommes est faible ; mais il y a une autre cause, au moins aussi regrettable : c'est que ceux qui sont placés pour régler la destinée de l'œuvre ne la connaissent pas toujours et la jugent même sans la connaître. Je n'insisterai toutefois que sur ce qui importe surtout aux lecteurs de la *Revue de Synthèse historique* : savoir comment le programme primitif a été exécuté, connaître le rythme d'activité de l'institution, les résultats obtenus, les services déjà rendus et les promesses d'avenir.

II. — Programme général. — Il serait naturel de concevoir l'établissement comme le lieu de concentration de toutes les sources manuscrites, imprimées et figurées de l'histoire de la guerre. Cette conception, même bornée aux sources françaises, eût été très difficilement réalisable. Une partie capitale de la documentation est irrévocablement déposée dans les archives des Ministères de la Guerre et des Affaires Étrangères ; elles y seront longtemps inaccessibles aux travailleurs [1]. Les autres archives

1. Le Service historique de l'Armée utilise dès maintenant les papiers provenant des corps d'armée et des divisions pour la rédaction d'une grande série de monographies présentant, sous la forme d'un « précis d'ensemble » accompagné d'annexes documentaires, l'histoire des conceptions du Haut Commandement et du développement des opérations pendant les diverses périodes chronologiques de la guerre.

ministérielles conservent également les sources manuscrites de l'histoire politique, économique et sociale de la France pendant la guerre [1].

La Bibliothèque et le Musée de la Guerre recueillent en France et à l'étranger, d'une part, les publications imprimées, d'autre part, les documents figurés et iconographiques, tels que tableaux, dessins, affiches illustrées, photos, médailles, monnaies, bibelots de circonstance, jouets, timbres, etc., qui sont le complément pittoresque des livres et des journaux. On aurait tort d'isoler le Musée de la Bibliothèque ; ils sont rattachés l'un à l'autre par un lien étroit. Et il ne faut pas confondre, comme on le fait trop souvent, le Musée de la Guerre avec le Musée de l'Armée. Ce sont deux établissements distincts, dont l'objet comme le contenu diffèrent. Le Musée de l'Armée est un conservatoire de témoignages et de reliques sur l'histoire de l'armement et de l'équipement de l'armée française et sur celle des grandes illustrations militaires de la France. Naturellement il a fait une large part aux trophées de la grande guerre, notamment aux drapeaux envoyés d'office par les autorités militaires ; mais la grande guerre n'est pas son objet propre et exclusif. Les collections du Musée de l'Armée n'ont presque rien d'identique à celles du Musée de la Guerre, et inversement.

C'est sur la bibliothèque que les lecteurs de la *Revue de Synthèse Historique* désirent surtout être renseignés ; je ne m'occuperai que d'elle ici.

La documentation en livres, brochures, périodiques, affiches (non illustrées, dites affiches-textes), cartes géographiques, photos d'avions, dossiers (de la section administrative), est aussi largement « mondiale » que le permettent les moyens dont on dispose ; elle porte à la fois sur les grandes questions internationales, les faits de la politique intérieure de chaque pays comme sur son histoire militaire ; sur son économie et sa vie sociales comme sur son activité intellectuelle, artistique ou morale. Aussi une part considérable est-elle donnée aux documents où, à travers les circonstances de la vie quotidienne, s'exprime le mieux l'esprit public, la réaction de la « mentalité » de chaque nation sous l'influence de la guerre. Les témoignages personnels des combattants, des hommes

1. Toutefois les archives du Service du Ravitaillement ont été versées aux Archives Nationales.

publics, des particuliers, les œuvres de la propagande, soit officielle soit privée, les imprimés répandus clandestinement par les hommes de cœur qui organisèrent dans le mystère la résistance morale à l'envahisseur dans le nord de la France et en Belgique, ou ceux qui proviennent des groupements pacifistes, « défaitistes » occupent à cause de cela une grande place dans les collections.

De même, les publications dues à l'activité propre des groupements et sociétés de tout caractère spécialement fondés en vue de la guerre, ou des groupements et associations nés antérieurement, mais dont la guerre a rendu l'action plus intense ou modifié temporairement l'orientation. De ce point de vue, on comprend que la « littérature » des neutres pendant la période des hostilités ait dû être recherchée comme celle des peuples belligérants.

Si tous les aspects de la vie mondiale pendant la guerre doivent être envisagés, étudiés, une aussi vaste conception n'est réalisable qu'à la condition de limiter dans le temps ce qui ne l'est pas dans l'espace. Voici comment cette difficulté a été résolue. En principe et essentiellement, il s'agit d'une bibliothèque de la grande guerre. Si la date initiale — 1er août 1914 — ne fait pas doute [1], peut-il y avoir une date finale uniforme pour tous les pays ? Naturellement on pense à celle du traité de paix, c'est-à-dire du traité de Versailles. Mais si par ce traité la paix a bien été conclue entre les puissances alliées et l'Allemagne, il y a eu d'autres traités (Saint-Germain, Neuilly, Trianon, Sèvres, etc.) avec d'autres belligérants (Autriche, Hongrie, Turquie, Bulgarie, etc.). La date finale doit donc varier avec les belligérants. D'autre part, puisque l'histoire intérieure des nations rentre dans le programme de documentation comme leur histoire militaire ou diplomatique, il a fallu chercher pour chacune d'elles une limite extrême plus éloignée que celle des traités. Je reproduis ici le tableau remis aux divers services afin de leur faire connaître les points d'arrêt de la documentation concernant la guerre proprement dite.

France. — Élections de 1919 et chute du Ministère Clemenceau.
Belgique. — Élections de 1919 et chute du Ministère Brocqueville.
Italie. — Élections de 1919.

1. Il va de soi que la Bibliothèque a recueilli les publications documentaires et critiques sur les origines lointaines de la guerre sans s'arrêter à cette date du 1er août 1914.

États-Unis. — Élection du président Harding (condamnation de la politique wilsonienne).

Angleterre. } Date de la notification du traité de Versailles.
Japon. }

Allemagne. — Fin de l'Assemblée Constituante (début de 1920).

Autriche. – Élections du 17 octobre 1920.

Hongrie. — Débuts du Ministère Huczar (octobre 1919).

Nouveaux États. — Date de la mise en vigueur de la Constitution.

Tchéco-Slovaquie. — Élection du 18 avril 1920.

Mais les faits qui sont la matière de la documentation à recueillir dépassent les limites chronologiques ainsi assignées. On ne peut négliger l'histoire des relations de la France et de ses alliés pendant la période non encore close où se poursuit l'application des traités : question des réparations et du paiement de la dette allemande, reconstitution des pays dévastés, révolutions intérieures des États par l'effet de la guerre, dettes des alliés envers les États-Unis d'Amérique, plébiscites, occupation temporaire du territoire de la Sarre et des pays rhénans, revision du traité de Sèvres, question du Pacifique, organisations interalliées ou internationales d'initiative officielle (Société des Nations, Bureau International du Travail) ou privée (Chambre de Commerce Internationale), etc., se présentant comme issues directement des traités ou comme étant leur complément naturel. Qui pourrait soutenir que ces faits et ces problèmes ne rentrent pas logiquement dans la sphère d'activité de l'institution[1] ?

Ainsi définie, l'institution est un type de bibliothèque spéciale.

III. — La Documentation. — Les difficultés inhérentes à une entreprise de cette ampleur sautent aux yeux. Comment connaître l'existence des publications, leur valeur, dès qu'on embrasse de très nombreux pays, surtout s'il s'agit des pays de l'Europe centrale,

1. Il faut mentionner une idée séduisante, déjà produite à plusieurs reprises, d'après laquelle le programme pourrait s'étendre davantage. Puisque l'institution existe, dit-on, et qu'elle fait une grande part aux questions de la politique internationale d'après guerre, son effort devrait se prolonger de façon à faire d'elle le centre principal d'une documentation internationale contemporaine ayant l'année 1914 pour point de départ. Peut-être y a-t-il là une base pour des développements nouveaux de l'institution dans l'avenir.

balkaniques, slaves, orientaux ? Et aussi dès qu'on ne se préoccupe pas seulement des publications de librairie, mais de celles des gouvernements et des administrations publiques, des brochures et tracts clandestins, de ces œuvres éphémères de la propagande qu'on appelle en langage technique les bilboquets, enfin des périodiques qui, dans une bibliothèque, doivent se trouver en séries complètes ?

Une double méthode a été employée. D'abord celle de la recherche systématique dans les bibliographies courantes, dans les revues et grands journaux. Il a bien fallu renoncer à « tout avoir » parce que « tout » n'en vaut pas la peine et parce que les ressources financières sont bornées ; il a fallu choisir. Les répertoires officiels ou quasi-officiels de publications (analogues à notre *Journal de la Librairie*), les comptes rendus imprimés, les renseignements oraux dus à des personnes autorisées donnent les meilleurs motifs de choix. En outre, est employée la méthode des missions sur place, comportant démarches auprès des autorités locales, des libraires, des administrateurs de périodiques, des collectionneurs, des antiquaires. Les résultats obtenus par cette double voie ont été très importants.

Des concours extérieurs ont également contribué à enrichir les collections. Les dons des particuliers, des administrations publiques, des associations et groupements de toute nature, s'élevaient au 31 décembre 1921, au chiffre de 12.478 [1]. Une convention spéciale passée entre le Ministère des Affaires étrangères et celui de l'Instruction publique a fait de la Bibliothèque de la Guerre une sorte de dépôt normal des collections et périodiques étrangers reçus par le « Bureau d'étude de Presse Étrangère », et devenus inutiles une fois achevée la rédaction de ses précieux bulletins quotidiens et bulletins périodiques ; ces collections sont versées chaque année et s'ajoutent à celles que la Bibliothèque reçoit de son côté [2]. Par la voie des dons officiels sont venues les « Archives de la Censure », remises lors de la suppression de ce service et aujourd'hui classées et répertoriées de façon à en rendre

1. Il va de soi que ces dons n'ont pas tous la même importance.

2. A propos des périodiques, il faut signaler les services rendus par ce que nous appelons les « spécimens ». Il entre beaucoup de numéros isolés de journaux et de revues ; momentanément conservés, ils sont de temps à autre l'objet d'un examen ; ceux qui paraissent intéressants fournissent l'occasion de se procurer la collection complète.

facile l'usage dès que la consultation pourra être autorisée ; — la volumineuse collection des lettres et livrets des prisonniers allemands formée par l'inspection des prisonniers au Ministère de la Guerre. Par la voie des dons privés sont entrées les archives d'un grand nombre d'œuvres de guerre ; elles serviront à écrire l'histoire de la philanthropie et de l'assistance pendant la période des hostilités ; par leurs pièces de comptabilité, elles contribueront même à l'étude des mouvements des prix. Une série a été ouverte, qui n'est malheureusement guère développée encore, celle des lettres de combattants et des carnets de route ; la piété des familles répugne à abandonner ces reliques, même à un établissement de l'État offrant toutes garanties désirables de discrétion ; mais on peut espérer qu'une fois l'institution mieux connue, et le temps apaisant la cruauté du souvenir, ces documents, souvent précieux pour l'historien, nous viendront, et pourront être traités comme les lettres des volontaires de la Révolution conservées aujourd'hui dans certains dépôts publics. Notre récolte de documents reçus à titre gracieux s'est étendue jusqu'à l'étranger ; c'est ainsi que nous avons obtenu certaines collections d'un très haut intérêt, comme celle des publications (circulaires, rapports, statistiques, etc.) du Comité de secours et d'alimentation du Nord de la France et de la Belgique pendant l'occupation allemande.

IV. — L'Organisation intérieure. — Pour réaliser ce programme, appliquer ces méthodes, il fallait une organisation adaptée. Les collaborateurs nécessaires ne pouvaient être que des spécialistes choisis parmi des linguistes, des historiens, des bibliothécaires, des archivistes. C'est qu'il ne s'agit pas d'une bibliothèque ordinaire dont les collections se forment d'une manière plus ou moins automatique, avec un minimum de recherches spontanées. Il s'agit d'une œuvre de création constamment renouvelée et approfondie, dont l'activité doit suivre le rythme des événements. Ce qu'on appelle la bibliothéconomie y a juste la part que requièrent la mise en ordre matériel des ouvrages et la rédaction des fiches. Le reste est surtout affaire de curiosité et d'invention critiques, comme de connaissances générales en histoire contemporaine et en langues étrangères.

De là l'importance prépondérante du « service de la documentation », dont le chef est, comme j'aime à le dire, l'ingénieur de l'établissement. Il dirige, oriente, contrôle les recherches des sections, procède à des inspections périodiques du contenu des collections, prépare avec les sections les listes de commandes ou les éliminations, organise les dépouillements bibliographiques pour l'utilité générale ou particulière des travailleurs. Il préside à ce que j'appellerais volontiers notre incessant examen de conscience ; nous nous efforçons chaque jour de nous améliorer, et ainsi d'éviter la routine.

Les sections placées sous la direction technique du service de la documentation sont réparties d'après les langues, savoir :

1° Section allemande (langues allemande, scandinave, néerlandaise) ;

2° Section anglaise (Angleterre et ses Dominions, États-Unis) ;

3° Section française (France et Belgique) ;

4° Section latine (italien, espagnol, portugais ; comprend les États de l'Amérique du Sud) ;

5° Section des langues orientales (langues slave, russe, tchèque, serbe, bulgare, etc. ; — langues grecque, turque, arabe, chinoise, japonaise, etc.).

A ces sections s'ajoutent des services spéciaux :

Celui des périodiques (quotidiens et non quotidiens en toutes langues), dont il est superflu de montrer que, pour des raisons d'ordre pratique, il était indispensable de le séparer des autres ;

La Section administrative, destinée aux documents d'origine officielle, aux publications des sociétés et groupements divers, qu'il s'agisse d'imprimés ou de manuscrits [1] ;

Le Catalogue général qui prépare le répertoire méthodique des matières, commun aux divers services et sections, et qui est la source de tous les travaux bibliographiques.

A côté de la Bibliothèque, le Musée. C'est une collection d'œuvres

1. J'attire l'attention sur les documents formant cette section, en particulier les documents d'ordre parlementaire, gouvernemental et administratif. Grâce à une enquête systématique et à des relations directement établies avec les services publics, soit pendant, soit après la guerre, grâce à des dépouillements bibliographiques aussi larges que possibles en ce qui concerne l'étranger, je crois pouvoir affirmer que nulle autre bibliothèque française ne possède des séries plus complètes de ce genre de documents. Il y a là une véritable « bibliothèque administrative » pour la période de la guerre.

artistiques originales (peintures, sculptures, dessins) dues principalement aux artistes combattants et aux artistes envoyés aux armées ; et c'est aussi, comme je l'ai déjà dit, un ensemble de pièces et objets (affiches, médailles, verrerie, céramique, tissus industriels, bibelots, jeux et jouets, monnaies de guerre, timbres, etc.) qui, sans avoir toujours une valeur artistique, ont un intérêt de documentation et d'évocation.

L'organisation est complétée par un Secrétariat général, dont relèvent les questions administratives et celles de personnel. Le Secrétaire général a le contrôle de la feuille de présence ; c'est lui qui reçoit les rapports où les chefs doivent, chaque mois, consigner les résultats de l'activité générale de leur service ou section et de l'activité propre de chacun de leurs collaborateurs. Ce contrôle du « rendement » est indispensable pour connaître les besoins nouveaux et permettre les changements utiles soit dans les méthodes, soit dans les personnes.

V. — La Mise en œuvre. — Programme et organisation ne valent que pour et par la mise en œuvre. Elle offre un double aspect : les catalogues, les bibliographies spéciales.

Le catalogue a naturellement deux formes : alphabétique et méthodique, et sous ces deux formes, il est sur fiches. Dans une installation définitive, il sera vraisemblablement possible d'en déposer un exemplaire dans la salle publique de travail ; aujourd'hui c'est par voie de renseignements oraux que les ressources sont portées à la connaissance des travailleurs, à qui le recours direct au fichier est, du reste, largement facilité. Le catalogue méthodique a été établi suivant un plan ou cadre de classement, élaboré avec soin en commun par les services de la documentation et du catalogue. Mais ce cadre est une résultante, non un prélude. Dès l'origine, j'ai fait un de ces rares actes d'autorité auxquels je répugne, en interdisant à mes collaborateurs d'établir par avance un plan méthodique ; il m'a semblé plus expédient et moins aventureux de faire attribuer d'abord à chaque ouvrage une rubrique de matière, déterminée d'après son contenu essentiel, puis de grouper peu à peu les fiches ainsi rubriquées en des divisions secondaires, puis générales, de plus en plus larges. Délibérément donc, le plan a été construit suivant un procédé empirique ; la pratique quotidienne en a prouvé la souplesse et la commodité.

On ne s'est pas borné à répertorier les ouvrages et les publications officielles. On a constitué en dossiers les prospectus, statuts, comptes rendus financiers, rapports moraux, etc., des associations et des œuvres. On a relevé sur fiches les articles des revues étrangères et françaises. Le catalogue général se trouve donc ainsi être un riche arsenal de matériaux ordonnés et classés.

Il est dans nos intentions de rendre plus aisée la consultation de nos richesses en permettant aux travailleurs d'en posséder eux-mêmes l'inventaire. Dès maintenant va s'ouvrir une série de publications relatives aux plus importantes parties de la bibliothèque. Le catalogue méthodique du fonds allemand est sous presse ; il formera trois volumes d'environ 400 pages à deux colonnes, avec tables finales des mots de matières et des noms. Si aucun obstacle ne vient entraver l'impression, ces trois volumes auront paru avant la fin de l'année[1]. D'autres fonds feront ensuite l'objet de publications identiques. Nous nous préoccupons, d'autre part, de faire paraître chaque mois un petit bulletin destiné à renseigner les travailleurs sur nos récentes acquisitions, ainsi que sur les ouvrages récemment parus, mais non encore acquis par nous.

Un des services que rendra le catalogue, c'est de faciliter l'établissement de bibliographies spéciales sur les multiples questions d'histoire de la guerre (prise dans sa large acception). Il en a été déjà fait un certain nombre pour répondre à des demandes particulières. Mais un plan général de travaux futurs de cet ordre a été dressé par le service de la documentation ; il sera mis à exécution dès que la récupération, encore en cours, de l'arriéré sera complètement achevée et que la stabilité générale de l'établissement, enfin acquise, permettra d'entreprendre des tâches de plus longue haleine.

Voici quelques exemples de ces bibliographies spéciales faites soit de notre propre initiative, soit « sur commande »; ils sont classés d'une manière qui ne pouvait évidemment pas être très rigoureuse.

Histoire militaire. — La bataille de la Somme. — La bataille de la Marne (général Malleterre, critique militaire du journal *Le Temps*). — La bataille de Verdun (M. Paul Deschanel). — La conduite des opérations militaires en France et le rôle militaire de la France : principaux ouvrages français (Le commandant Michel, attaché au

1. Le premier tome a paru pendant que cet article était en cours d'impression.

général Weygand). — Les prisonniers de guerre allemands en France.

Régions libérées. — L'occupation allemande en France (Service de propagande du Ministère des Régions libérées). — Les destructions des monuments par les Allemands (M. Pierre Rameil, député). — Dommages de guerre et reconstruction (M. René Gouge, sénateur).

Belgique. — Ouvrages et articles de revues sur la Belgique parus hors de Belgique.

Angleterre. — Les relations « impériales » britanniques (relations entre l'Angleterre et ses dominions et colonies) (M. Demangeon, professeur à la Sorbonne). — L'éducation des indigènes dans les colonies anglaises (M. Paul Crouzet, inspecteur de l'Académie de Paris, directeur de la *Grande Revue*).

Allemagne. — Ouvrages et articles sur la propagande allemande. — La Constitution de Weimar.

Orient. — La Syrie pendant la guerre. — Constantinople et la question des détroits : études publiées depuis l'armistice.

Pacifisme. — Le pacifisme pendant la guerre. — Le mouvement antimilitariste des « Consciencious objectors ». — L'Internationale de Zimmerwald.

Plébiscites. — Bibliographie générale des plébiscites (Bibliothèque de la Société des Nations, à Genève). — Le territoire plébiscitaire de la Sarre.

Divers. — L'idée de l'État et le principe des nationalités pendant la guerre : publications allemandes, anglaises et américaines (M. Bouglé, professeur à la Sorbonne).

L'organisation internationale du travail.

Les principales publications administratives françaises pendant la guerre (Bibliothèque nationale d'Irlande).

Les veuves et orphelins de la guerre : ouvrages, associations qui les concernent (Ministère italien des Affaires étrangères).

Le rôle de la femme française pendant la guerre (général Marjoulet).

Les finances de l'Angleterre, des États-Unis, de l'Italie et de l'Allemagne pendant la guerre (Ministère des Finances : Service de l'Inspection).

On voit combien sont variées les questions qui ont pu ainsi faire l'objet de bibliographies et les intéressantes perspectives que ces résultats offrent pour l'avenir.

Enfin je dois mentionner un important ouvrage en préparation, qui sera certainement achevé quand cet article-ci paraîtra : *Bibliographie générale méthodique de l'histoire économique et sociale de la France pendant la guerre*; elle formera la première des publications sur notre pays entreprise par la « Dotation Carnegie ».

VI. — Les Résultats. — Ce qui vient d'être dit sur les catalogues et les bibliographies montre déjà un premier aspect des résultats obtenus. Voici maintenant quelques chiffres et renseignements de détail propres à donner une idée précise du développement de la bibliothèque à la date du 31 décembre 1921.

Ouvrages (livres et brochures). . . .	75.440	
Périodiques	6.111	6.541
Journaux du front et de prisonniers .	430	

En ajoutant les périodiques aux ouvrages, il n'est pas exagéré d'évaluer le total des volumes à 100.000.

Dossiers de la Section administrative	9.061
Cartes et photos d'avions	10.449
Affiches-textes	15.830

On peut même mentionner les 2.352 pièces constituant la collection des œuvres musicales imprimées pendant la guerre.

Le nombre des lecteurs ayant fréquenté la petite salle de travail que nous pouvons mettre à leur disposition était de 3.367 à la date précitée du 31 décembre 1921.

Conclusion. — Ce n'est pas à moi qu'il appartient d'apprécier l'œuvre et ses résultats. Mais il me sera permis de dire que mes collaborateurs ont mis à les obtenir un grand zèle et une intelligence avisée, qu'ils ont suivi le penchant de leur esprit pour un effort d'ordre scientifique et obéi à la conscience d'édifier, avec les témoignages sur les événements d'une histoire dont la France est légitimement fière, un monument honorable pour leur pays. Je tiens aussi à déclarer que nous souhaitons de tout notre cœur être mis à même de poursuivre notre effort jusqu'au complet achèvement d'une œuvre de haute culture historique doublée — grâce au Musée — d'une œuvre de haute éducation populaire.

Mais je veux surtout conclure en soulignant les principales imperfections subsistantes et en indiquant le programme du plus prochain avenir.

Il y a encore des lacunes à combler. Elles intéressent même les pays dont la documentation est la plus riche ; mais certains pays sont représentés d'une façon encore très incomplète. L'un d'eux est la Russie. Depuis 1919 jusqu'à ce jour, la situation politique, les difficultés des relations n'ont permis de recueillir que des fragments parfois de très haut intérêt, mais insuffisants. Aucune comparaison possible entre l'abondance de notre documentation russe avant et depuis 1919. Divers efforts pour améliorer cette situation ont jusqu'ici échoué ; il faut attendre des circonstances nouvelles [1].

Un certain nombre de périodiques étrangers, même français, sont encore incomplets, soit à cause de la difficulté qu'on avait à se les procurer pendant la guerre, soit parce que les numéros sont « épuisés ». Une des préoccupations principales du service de la documentation est de combler ces lacunes, en même temps que de retirer des collections ce qui est superflu, de trop faible intérêt pour mériter l'effort du « réassortissement ».

Dès que nous aurons obtenu une plus grande latitude d'action, nous entreprendrons cette exploitation méthodique de nos collections dont le programme est, comme je l'ai dit, déjà dressé. C'est alors seulement que l'efficacité de l'institution parviendra à son période essentiel, en réalisant l'idéal que le Parlement lui proposait dès 1917 : elle sera un « laboratoire d'histoire », le laboratoire de l'histoire de la guerre de 1914 dans sa généralité mondiale, dans ses aspects divers, dans ses conséquences internationales. Elle pourra même être un laboratoire d'histoire internationale contemporaine.

CAMILLE BLOCH.

1. Le lecteur apprendra avec intérêt que des mesures ont pu être prises pour nous assurer, à l'intérieur même de la Russie, des collections qui nous parviendront le jour où les communications seront moins difficiles.

II

LA DOCUMENTATION DE GUERRE A L'ÉTRANGER

Bibliothèque et Musée, l'institution officielle, que la France a consacrée à l'histoire de la Guerre mondiale, cherche à réaliser un programme très vaste; sans doute elle n'a pas mission de recueillir les pièces d'archives des ministères et des armées, mais elle ne veut négliger aucune autre source importante de documentation, et n'entend pas sacrifier le document figuré au document imprimé. Laboratoire d'histoire, elle est dès aujourd'hui un centre d'études; elle désire pouvoir, aussitôt que cela sera possible, exploiter les éléments qu'elle possède.

Ces caractères, il n'est pas, à l'étranger, d'institution qui les présente exactement. L'intérêt d'un coup d'œil général est précisément de montrer à quelle conception répondent les efforts des uns et des autres, pour marquer les analogies et les différences des buts et des méthodes.

Aux **États-Unis**, ce sont les bibliothèques publiques ou universitaires qui ont consacré à cette étude une section particulière, ou une annexe spéciale, en utilisant, tantôt leurs crédits ordinaires, tantôt les libéralités de donateurs puissants.

L'œuvre réalisée par la *New-York public Library*, par la *State Library of Connecticut*, par les bibliothécaires de la *Princeton University* (New-Jersey) et de la *Clark University* (Worcester, Massachusetts) n'est certes pas négligeable; mais dans un aperçu aussi rapide que celui-ci, mieux vaut concentrer l'attention sur les deux établissements les plus importants : la *Library of Congress*, à Washington, et la *Hoover War Collection*, rattachée à la *Stanford University*, en Californie.

La « Bibliothèque du Congrès », malgré l'ampleur de sa tâche, et l'étendue de son programme ordinaire, a voulu consacrer au conflit mondial un effort particulier. Par « collections de guerre », elle n'entend pas seulement l'histoire militaire, mais aussi l'évolution des faits économiques et la « reconstruction ». C'est par le livre, le journal, le document imprimé administratif ou officiel, qu'elle veut les constituer.

De même qu'elle ne semble pas rechercher, avec un soin particulier, les pièces fugitives (tracts, affiches, brochures clandestines) et les pièces de propagande nationale ou politique, la Bibliothèque de Washington n'emploie pas, pour sa documentation « de guerre », d'autres procédés que ceux auxquels elle a normalement recours : dépôt légal, dons et achats.

Parmi les dons, c'est à un versement du *State departement* et du *General Staff College,* riche en publications statistiques, géographiques et politiques, qu'elle a dû, en 1920, une partie du développement de sa *War Section.*

Parmi les acquisitions à titre onéreux, ce sont des collections de livres et brochures, formées en Europe qu'elle a prises, en bloc ; elle a recherché aussi les journaux quotidiens, et les périodiques spéciaux (journaux du front et de camps de prisonniers).

Les résultats sont inégaux, de l'aveu des bibliothécaires eux-mêmes. Si les collections sont « solides », pour la France et l'Angleterre, copieuses pour l'Allemagne, assez satisfaisantes aussi pour la Hollande et les pays scandinaves, elles sont très médiocres pour l'Autriche, l'Espagne et les pays balkaniques. Des nouveaux états de l'Europe centrale et orientale (Pologne, Tchéco-Slovaquie, Yougo-Slavie), la Bibliothèque ne possédait presque rien, à la fin e 1920. A la même époque, elle ne recevait rien, non seulement de Russie, — ce qui est tout naturel —, mais des états baltiques. Enfin, constatation plus étonnante, la collection d'imprimés italiens consistait presque uniquement en documents d'origine officielle.

Ces lacunes proviennent évidemment, en majeure partie, des difficultés variées que rencontre l'achat, par correspondance, dans des pays, où le commerce de la librairie et les transports sont mal organisés.

Mais, par ailleurs, le « fonds de guerre » de la *Library of Congress* offre un réel avantage : les opérations d'enregistrement et de catalogue y ont été poussées, semble-t-il, avec une rapidité et une méthode, qui en permettent l'exploitation commode. Et quelle meilleure preuve en donner que celle-ci : pour répondre au désir que lui en avaient exprimé les « Bibliothèque et Musée de la guerre », M. Herbert Putnam, le bibliothécaire en chef, a adressé en France, dans ces derniers mois, des milliers de fiches, qui, tout en facilitant à notre établissement parisien son œuvre de documentation, sont un brillant témoignage des résultats obtenus à Washington.

Le *Hoover War Collection* procède de conceptions et de méthodes assez différentes. Elle a été formée, en 1919, sur l'initiative de M. Hoover, qui lui fournit largement, de ses propres deniers, les subsides nécessaires ; et c'est là un précieux avantage. Échapper aux règles étroites de toute comptabilité publique ; avoir sous la main, d'un seul coup, les sommes importantes, qui permettent de profiter d'une offre exceptionnelle ; se réclamer d'un nom populaire aux États-Unis, et sympathique aux populations européennes que les services du ravitaillement américain ont secourues : voilà des conditions bien favorables ! Le professeur Adams, de la *Stanford University*, chargé de la direction technique, ne manque pas de rendre grâce à ces heureuses circonstances.

Sous l'impulsion de M. Adams, le développement de cette collection, si tardivement commencée, a été fort intéressant ; les efforts ont toujours été cohérents, et le programme paraît inspiré d'un bon esprit historique. Sans doute, c'est une tâche relativement limitée qui a été entreprise : il ne faut pas y chercher la marque de trop vastes ambitions ; mais ces objectifs modérés ont été poursuivis avec une méthode qui inspire confiance dans la réelle valeur des résultats annoncés.

L'idée directrice paraît être celle-ci : la Bibliothèque (car il n'est nullement question de Musée) ne peut pas espérer réunir, pour les livres, les périodiques, et même pour les affiches-texte, des collections générales qui prétendraient représenter la majeure partie de la production ; et d'ailleurs, dans cet amas de matériaux, il est indispensable d'exercer un choix : la valeur est trop inégale. Mais ce n'est pas sur ce terrain-là qu'il faut concentrer l'activité. Le domaine propre de la Bibliothèque, ce sont les pièces de propagande, les tracts de tout genre, les publications faites par des groupements politiques ou des associations ; en outre, les recueils de documents officiels ou administratifs, de l'ordre diplomatique, militaire, ou législatif, méritent d'être recherchés avec soin, en consacrant toutefois le meilleur effort aux problèmes du ravitaillement. Si M. Adams n'exprime pas, à la vérité, des principes aussi tranchés, au moins est-il permis de dire qu'ils semblent inspirer son activité.

A chaque ordre de documents doit correspondre un procédé de recherches approprié :

Les documents administratifs ou officiels peuvent être obtenus par don ; l'offre d'achat est parfois nécessaire ; elle n'est pas le cas normal. La difficulté, c'est de tracer un programme détaillé ; dire qu'on recueillera de préférence les documents (bulletins de ministères, collections de lois et de débats parlementaires, recueils de textes), qui permettent de suivre l'attitude des gouvernements dans le conflit, et les mesures spéciales prises par les pouvoirs publics dans l'intérêt de la vie nationale, — voilà certes un projet raisonnable, mais il n'est pas pratique, soit qu'on ait quelque peine à dresser une liste précise de desiderata, soit qu'on trouve, dans l'interlocuteur, une intelligence imparfaite du but poursuivi. Aussi, après avoir eu d'abord l'intention d'exercer une sélection, les chefs de la *Hoover War Collection* ont-ils été amenés souvent à faire des demandes très générales.

Les livres européens ne peuvent être recueillis que par achat. L'institution est en rapports, pour chaque grand pays, avec un libraire, qui lui transmet des offres, et qui se charge de l'acquisition. En outre, particulièrement en Grande-Bretagne, elle a un correspondant technique, qui exerce la sélection indispensable. A cela, viennent s'ajouter parfois des cessions globales de collections particulières.

Les documents de propagande, les affiches et les publications de sociétés sont obtenus par des démarches directes. M. Adams lui-même a fait un long séjour à Paris, au moment de la Conférence de la Paix ; il a étendu ensuite ses recherches personnelles à Londres et à Berlin. L'Europe orientale, de Riga à Constantinople, a été parcourue, en 1920-21, par un de ses collaborateurs, M. Golder. Ce sont ces missions qui donnent à la collection Hoover son originalité et sa valeur.

M. Adams le sait, de même qu'il n'ignore pas la faiblesse relative de ses collections de périodiques. Aussi a-t-il conclu avec la *Library of Congress* une convention d'échanges : de Washington, il reçoit des livres, et surtout des collections de journaux ; il y envoie les doubles recueillis dans ses dossiers (tracts de propagande et publications de sociétés politiques).

De ces deux grands établissements, nos amis d'Amérique chercheront-ils à faire des centres de recherches, des foyers d'activité pour contribuer à établir l'histoire de la guerre mondiale? Dans un ordre d'idées restreint, la *Hoover War Collection* essaie déjà de rendre ces services : il existe depuis peu, à la Stanford University, un « Institut de recherches pour l'alimentation », dont la Bibliothèque est une des bases. Mais les grandes publications récentes, consacrées aux événements de 1914-1918, se dessinent ailleurs : c'est l'Institut Carnegie qui entame une série d'études sur l'histoire économique de la guerre mondiale [1] ; c'est sous les auspices de la Yale University que paraît la collection intitulée *How America went to war* [2]; enfin ce sont les services du « War departement » qui préparent actuellement une histoire générale de la guerre; la « Section historique » qui y a été formée n'a d'autre but que l'étude de la participation américaine ; mais elle ne veut pas se contenter de retracer les opérations militaires; les relations diplomatiques, la « mobilisation économique », l'activité des services du matériel et du ravitaillement formeront la matière de dix volumes, sur les dix-sept que prévoit le directeur de la collection [3].

La conception anglaise nous ouvre de tout autres horizons. Je ne veux pas faire allusion ici aux institutions, qui existent dans certains Dominions : archives de la guerre (*Canadian War Records*) à Ottowa, qui recueillent les documents relatifs au corps expéditionnaire canadien ; *Australian War Museum*, à Melbourne. C'est à l'*Imperial War Museum*, la grande fondation londonienne, que doit aller l'essentiel de ces notes.

Cet établissement a été organisé sous les auspices du « War

1. *Economic and social history of the world war*, sous la direction générale du professeur Shotwell.

2. 6 volumes parus.

3. Cf. art. du colonel John R. M. Taylor : *History of the war of 1917*, Americ. historic. Review, juillet 1919.

Cabinet », par une décision du 5 mars 1917, et placé sous la direction de Sir Martin Conway. Il comprend à la fois une Bibliothèque et un Musée; mais les deux éléments ne sont pas traités sur un pied d'égalité. Dans l'esprit des organisateurs, l'institution doit, en effet, se donner pour but le culte du *souvenir*; c'est un « Mémorial » de la guerre qu'il s'agit de réaliser, une œuvre d'éducation populaire, un monument à la gloire de l'Empire. Ce n'est donc pas l'esprit critique qui inspirera l'ensemble du travail; ce ne sont pas les préoccupations — ou les prétentions — impartiales de l'historien : il faut que chacun puisse retrouver, de la façon la plus vivante, toutes les formes d'activité caractéristiques de l'état de guerre. Le document imprimé cèdera le pas au document figuré ou au spécimen.

Le Musée est constitué surtout par des collections d'armement et de matériel de guerre; il ressemble donc par là à notre *Musée de l'Armée*, aux Invalides. C'est là que les anciens combattants doivent venir « avec leurs camarades, leurs amis ou leurs enfants », écrit Sir Martin Conway; en face des engins qu'ils ont maniés, des uniformes qu'ils ont portés, ils revivront le passé; ils verront des reproductions, des modèles réduits, des photographies de ces tourelles, de ces tranchées ou de ces abris où ils ont passé ces heures mémorables; et ils songeront à ceux qui sont tombés.

La première section du Musée est consacrée à la marine. A côté des modèles de bâtiments de guerre, de navires marchands équipés en croiseurs auxiliaires, à côté des spécimens de projectiles et des fanions de commandement, il y a une collection complète d'engins : canons, mines, tubes lance-torpilles, etc..., et même des instruments techniques. De bonnes séries de photographies montrent aussi, par exemple, les dégâts subis par les navires allemands pendant la bataille du Jutland; mais la plus large place est réservée aux objets qui ont le caractère de « reliques » ou de trophées : voici un canon de 105, du sous-marin allemand UB 98; voici la table sur laquelle fut signé l'armistice de Moudros, à bord de l'*Agamemnon*; le fanion du commandant en chef, amiral Jellicoë, qui flottait pendant la bataille du Jutland, à bord de l'*Iron Duke*; et voilà les débris de petits bâtiments qui prirent part à l'attaque de Zeebrugge; une épave, enfin, du *Hampshire*, le croiseur qui portait lord Kitchener, le 5 juin 1916.

La section de la « flotte aérienne », celle de l'armée de terre sont organisées d'après les mêmes principes. Dans l'une, les types d'avions, en modèles réduits, ou en spécimens, — les engins de bombardement, les appareils de télégraphie sans fil, et de photographie, — sans compter les instruments dont se servaient les sections météorologiques; une division spéciale est consacrée à la défense contre les avions. Dans l'autre, c'est l'artillerie qui retient d'abord l'attention ; mais il existe deux ensembles particulièrement intéressants, où se trouvent évoqués et comparés les procédés de la guerre de mouvement et ceux de la guerre de positions : ici, c'est la reproduction réduite de la tranchée « Breastwork », près de Festubert, et, tout autour, les spécimens de mitrailleuses, de grenades, de mortiers, de périscopes ; enfin une collection de photographies relatives à la vie des tranchées. Là, ce sont les fusils de tous les belligérants, les tanks utilisés sur le front d'Occident ou de Palestine, le matériel de transports. Et le service de Santé n'est pas oublié.

En outre, le Musée comprend trois sections étrangères au cadre des institutions militaires. La *Women's Section* n'est pas seulement destinée à célébrer l'héroïsme ou le dévouement; elle prétend retracer toute l'activité féminine, même dans les travaux industriels ou agricoles, en rassemblant une collection de photographies, de dessins, de portraits, etc., une série de spécimens des objets fabriqués (en premier lieu les munitions), et un gros recueil de coupures de presse.

Le *Poster Section* recueille les affiches des pays belligérants ou neutres, qui forment en quelque sorte les illustrations d'une histoire de la Grande Guerre.

Enfin il existe une importante section photographique et cinématographique : en avril 1921, la collection comportait 60.000 clichés et plus de 600 films. Constituée en partie par des versements du *War Office*, elle est aussi alimentée par les dons des gouvernements étrangers.

Mais l'administration du Musée, si elle recherche surtout le document précis, l'image directe, ne néglige pourtant pas les œuvres d'art originales, où la vision de la guerre n'apparaît qu'à travers un tempérament, une sensibilité : l'*Art Section* comprend plus de 4.000 pièces (peintures, dessins, gravures), dont les conditions de conservation, dans le local du *Crystal Palace*, ne sont d'ailleurs pas parfaites.

Tandis que les collections du Musée disposent d'un vaste local, celles de la Bibliothèque, bien qu'elles comptent environ 22.000 pièces, prennent l'allure d'une sorte d'annexe; elles n'ont même pas d'installation définitive. C'est la *Westminster public Library*, qui, provisoirement, les abrite dans ses nouvelles salles. Le programme, d'ailleurs, s'inspire de la conception générale dont nous avons déjà parlé. L'effort principal se porte vers les publications qui ont un lien étroit avec la guerre : vie du combattant, activité féminine, mesures législatives spéciales. Le *Political intelligence department* a donné largement les doubles de ses propres collections ; les échanges avec les institutions étrangères ont aussi contribué à la formation de la Bibliothèque. Les achats, enfin, ont été organisés, dès 1917, par les soins de M. Schneider, du *Gaulois*, pour les publications françaises, et par l'intermédiaire d'agents en Suisse, pour la documentation allemande et austro-hongroise.

Le fonds est classé sous cinquante rubriques, dans un cadre en partie méthodique, et en partie géographique. Les cartes (plus de 8.000 pièces), les bons de monnaie, les timbres forment des sections particulières. Quant aux périodiques, il ne semble pas qu'un grand effort leur ait été consacré ; les bibliothécaires ont voulu en réunir un *choix* restreint ; il est vrai que les collections du *British Museum* y suppléent largement.

Soutenu par les pouvoirs publics, assuré de trouver dans tous les services nés de la guerre et dans les archives ministérielles un précieux concours, l'*Imperial War Museum* semble avoir répondu à tous les espoirs de ses auteurs : dans la période 9 juin 1920-31 mars 1921, il a reçu 1.433.891 visiteurs ! Pour une œuvre comme celle-là, toute orientée vers les masses, toute soucieuse de guider l'esprit public, n'est-ce pas le chiffre qui est le critérium du succès?

Mais le travail historique doit avoir d'autres foyers : la section historique du *Committee of the imperial defence* a commencé la publication d'une « histoire de la grande guerre, basée sur les documents officiels ». Deux séries sont en cours, l'une concernant les opérations navales [1], l'autre le Service de Santé [2]. Le *Foreign Office* a élaboré, en vue de la Conférence de la Paix, une série

1. Sir J. Corbett, *Naval operations* (2 vol. parus), Londres, Longmans, 1920-1921, in-8°.

2. Major-général Macpherson, *Medical Service general history*, 1 vol., 1921, in-8°.

d'études géographiques et statistiques[1] pendant que l'*Institute of foreign affairs*, fondé récemment par lord Grey, avec un vaste programme, a édité, l'*History of the Peace Conference in Paris*, de Temperley[2].

Il existe, bien entendu, en **Allemagne**, de multiples efforts pour constituer des « collections de guerre ». Munich a son *Kriegsarchiv*, Stettin son *Kriegsmuseum*, mais ils sont plutôt orientés vers l'histoire locale ; la bibliothèque de Brême recueille les ouvrages scientifiques ; à Leipzig, la *Deutsche Bücherei des Börsenvereins der deutschen Buchhändler* avait formé, dès la première partie de la guerre, une collection très variée : livres, journaux, documents figurés, qui, en 1917, comprenait déjà 38.000 pièces. Dans la même ville, existait un Musée d'économie de guerre (*Kriegswirtschaftmuseum*), fondé par les représentants des Chambres de commerce, et destiné à donner une idée exacte de la vie économique allemande pendant la guerre, sous tous ses aspects ; il est maintenant réuni au grand *Musée économique* déjà existant. A Karlsruhe, la bibliothèque grand-ducale avait, paraît-il, consacré de gros crédits à sa section de guerre. A Berlin, et à Hambourg le même effort avait été fait[3].

Parmi tant d'initiatives, deux, au moins, ont atteint un développement très important ; ce sont les *Kriegsarchiv* de l'Université d'*Iéna*, somnolentes aujourd'hui, et la *Weltkriegsbücherei*, bien vivante et récemment installée près de Stuttgart.

L'Université d'Iéna avait formé pendant la guerre un « Institut de recherches » (Forschungsinstitut für Geschichte des Krieges), qui devint bientôt indépendant, sous la haute direction de l'ancien ministre Clemens von Delbrück. Ce sont deux universitaires, le Dr Seidlitz dès l'origine, et ensuite le professeur Mentz, qui en ont formé les collections. Elles sont divisées en dix grandes sections. Dès le début de 1917, les séries de « journaux de guerre » et d'affiches, illustrées ou non, placardées dans la zone du front,

1. London, H. M. Stationery Office, 1920, in-8°.
2. Londres, Hodder, 1920, in-8°, 3 vol.
3. En 1917, une brochure de A. Buddecke. *Die Kriegssammlungen* (Oldenburg, Stalling, in-12, 52 p.) citait 217 collections, publiques, municipales ou privées ! sur les dangers de cet émiettement, voir l'article de Walter Schultze dans *Zentralblatt f. Bibliothekwesen*, janv.-fév. 1918, p. 15-26. — Il existe, d'ailleurs, une Ligue des collectionneurs de guerre, qui publie une revue.

étaient fort importantes. Soutenue par les versements de certains établissements publics, la Bibliothèque a attaché son principal effort aux collections de périodiques ; elle a aussi consacré une section spéciale très abondante et très bien classée aux coupures de journaux. Comme la *Hoover War Collection*, elle a senti la nécessité de recueillir avec un soin particulier, et de classer dans un cadre spécial, les publications des associations et groupements corporatifs, surtout celles qui concernent l'économie de guerre, et les œuvres de bienfaisance ou de secours.

Dans l'esprit de ses fondateurs, l'établissement avait toujours été destiné à devenir un centre d'études[1], à préparer les matériaux du travail historique. Mais il ne semble pas qu'il connaisse jamais ce rôle. Abandonné partiellement faute de crédits, il ne reçoit plus guère de visiteurs maintenant. C'est donc un fonds fermé, qui va faire retour à la Bibliothèque universitaire.

Comme le *Kriegsarchiv*, la *Weltkriegsbücherei* a été fondée pour la guerre et pendant la guerre. Elle bénéficie donc de l'effort condensé et cohérent, que ne connaissent pas les collections de ce genre lorsqu'elles constituent de simples annexes d'une Bibliothèque existante. C'est à une initiative privée qu'est due sa fondation, celle de l'industriel Richard Frank en juillet 1915 ; elle a été ensuite donnée à l'État, et confiée à la direction du Dr Friedrich Felger. Cette collection est actuellement la plus importante en Allemagne ; d'abord installée à Berlin, elle occupe depuis 1921 le château de *Rosenstein-in-Berg* (entre Stuttgart et Cannstatt).

Ce qui caractérise l'œuvre de la *Weltkriegsbücherei*, c'est l'ampleur de son programme : elle ne se contente pas de recueillir les journaux du front, les tracts ou affiches, les bons de monnaie, les timbres, les médailles, qui constituent pour le collectionneur l'attrait habituel ; elle n'estime pas que la littérature de propagande, les publications clandestines, les brochures répandues à profusion par les groupements nationaux, pour intéressantes qu'elles soient, forment un objectif suffisant. Elle prétend à réunir les livres, les brochures, les journaux qui permettent de suivre tous les aspects de la vie mondiale pendant la guerre ; à ses yeux, les problèmes économiques et sociaux méritent la même attention que les questions militaires ; et par là, la conception du Dr Felger

1. Cf. par exemple l'article du *Berliner Tageblatt*, 31 mars 1917.

se rapproche de celle qui a inspiré, à Paris, le travail des « Bibliothèque et Musée de la Guerre ».

Le problème délicat des limites chronologiques d'une documentation de guerre a été résolu par la Weltkriegsbücherei avec un esprit large : elle veut posséder toutes les publications *significatives* qui concernent les antécédents de la guerre mondiale, et ses répercussions *directes*; par exemple, elle a constitué un fonds important pour la Révolution allemande. C'est une œuvre active, dont l'enrichissement est continu, et dont le catalogue systématique est dès maintenant tenu à jour.

Pas plus que celle d'Iéna, la collection de Stuttgart n'a entrepris jusqu'ici de publications relatives à l'histoire de la guerre. En Allemagne, comme aux États-Unis, ce sont les services de l'Armée qui ont commencé le travail historique; c'est la doctrine officielle qui s'exprime dans la collection publiée par le *Reichsarchiv* de Postdam (l'équivalent de notre Service historique de l'Armée) sous le titre *Schlachten des Weltkrieges*[1], et dans l'histoire de la guerre maritime, récemment entreprise par le *Marine-Archiv*[2]. Les nombreux recueils de textes publiés sous l'égide du Ministère des Affaires Étrangères, pour intéressants qu'ils soient, ne sont évidemment pas de ces instruments auxquels puisse se fier l'historien[3].

C'est seulement dans l'ordre des études économiques et sociales que paraissent travailler quelques centres d'études indépendants : Le *Kolonial-Institut* de Hambourg, qui vient d'achever une série de publications relatives aux colonies ex-allemandes; la *Deustche Kolonialgesellschaft*, qui publie une collection intitulée *Koloniale Zeitfragen*; l'Institut de Droit international de l'Université de Kiel, qui a fait paraître, sous la direction du professeur Niemeyer, des études et des recueils de textes très importants[4]. Parmi les séries closes, les 68 fascicules des *Beiträge zur Kriegswirtschaft*, édités par le Service d'alimentation de guerre (Berlin, Hobbing, in-8°), et la collection des *Kriegsnotgesetze* du Dr Waldschutz (Berlin, Heymann) méritent aussi une mention particulière.

1. Berlin, Stalling, in-8°. — La collection avait d'abord paru sous le titre *Der grosse Krieg in Einzeldarstellungen*.

2. *Der Krieg zur See herausgegeben*, von Marine-Archiv (Berlin, Mittler, 1921), 2 vol. parus. Directeur de la publication : vice-amiral von Mantey.

3. Deux importantes séries sont en cours, l'une relative à l'armistice, l'autre aux négociations de paix (Charlottenburg, *D. Verlagsgesellschaft für Politik und Geschichte*, 1921).

4. Leipzig, Duncker et Humblot.

***

La *Hoover War Collection*, l'*Imperial War Museum*, la *Weltkriegsbücherei* sont actuellement les grands foyers de la documentation de guerre, bien que l'esprit en soit sensiblement différent. A côté de ces grandes institutions, les autres États ne peuvent présenter que des établissements d'un développement restreint.

Il n'en est guère, belligérant ou neutre, qui n'ait fait une tentative dans cet ordre d'idées[1]. Presque partout, les préoccupations historiques semblent se trouver d'ailleurs reléguées au second plan. A ce défaut échappent pourtant les institutions *polonaises*, *belges* et *italiennes*.

Le gouvernement polonais a des *Archives de la Guerre*, dont l'histoire est extrêmement curieuse et intéressante. Le premier fonds en a été constitué dès 1915 à Vienne par un comité polonais. Aujourd'hui, les sections provinciales à Lwow, Lublin, Cracovie, Piotrkow, Wilno, Poznan démêlent et classent les documents des organisations nationales, qui ont travaillé à la libération du pays, ainsi que les pièces administratives abandonnées par les Russes, les Allemands et les Autrichiens. A Varsovie, ces liasses viennent se centraliser, et sont l'objet d'un classement définitif. L'œuvre est loin d'être achevée ; mais elle constituera certainement une source de premier ordre pour l'histoire — non seulement de la Pologne

1. En Suisse, la bibliothèque de la ville de Genève possède une section d'*Archives de la Guerre,* où elle recueille surtout les publications officielles des gouvernements ; les ouvrages militaires se trouvent à la bibliothèque de l'État-Major, à Berne ; au Palais fédéral, un fonds d'ouvrages interdits par la Censure suisse, qui doit être fort curieux. En Europe centrale, les Archives de la Guerre, à Vienne, qui jouent le rôle de notre Service historique de l'armée, ont une riche bibliothèque dont les anciens États de la monarchie revendiquent, dit-on, une part ; la Hongrie possède aussi son Musée de Guerre, qui est dirigé par M. Olúp. Dans les pays baltiques, Riga a une Bibliothèque-Musée, où les documents figurés voisinent avec les proclamations, les tracts et les affiches ; mais il ne s'y trouve encore aucun document français ! Kovno a consacré son Musée uniquement à l'histoire de la libération de la Lithuanie ; à Reval, ce sont aussi les souvenirs de 1918-1919 qui forment toute la collection. Quant au *Musée de la Révolution* de Pétrograd, créé par les bolcheviks, les renseignements précis sur son programme et sur son activité nous manquent encore. L'Amérique latine même a vu s'amorcer quelques tentatives, en particulier la collection de la *Ligue pour les Alliés* à Rio-de-Janeiro ; le Portugal a créé, par décret du 19 octobre 1917, un *Musée de la Guerre* avec un programme très général, tandis que l'établissement, inauguré à Madrid, en avril 1921, comprend, au contraire, en majorité, des spécimens du matériel de guerre allemand.

et de la guerre sur le front oriental — mais des puissances centrales même.

En Italie, un comité, constitué à la fin de 1920, a formé en plein centre de la zone de combat, à Rovereto, un Musée de guerre, qui recueille l'ensemble des documents figurés et les souvenirs du champ de bataille, ainsi que les témoignages de la brutalité autrichienne. Une salle spéciale a été destinée aux troupes tchécoslovaques, qui ont secoué l'autorité des Habsbourg. Parmi les bibliothèques, celles de Milan et de Rome ont songé à former une section de guerre ; mais c'est surtout à Bologne, sous la direction du professeur Fumagalli qu'ont été atteints le plus rapidement des résultats intéressants.

Enfin, à Rome, un *Uffizio Storiografico della mobilizazione* s'était donné pour objet de recueillir les matériaux et d'élaborer une série de monographies, sur les aspects divers de la mobilisation italienne : outre les sections technique, économique et juridique, l'Office avait une section politico-sociale, qui étudiait le développement de la conscience nationale et l'évolution de l'esprit public, tâche immense et originale qu'assumait M. Prezzolini, directeur de la *Voce*. C'est certainement l'œuvre la plus importante que l'Italie ait entreprise pour l'étude de la guerre. Mais elle n'a pas été poursuivie.

Les œuvres belges ont tout de suite pris un essor plus rapide ; outre le Musée de l'Armée, à la Cambre, il existe un organisme officiel chargé de réunir « les documents qui permettent d'écrire l'histoire de la population civile pendant les années de guerre » : c'est la *Commission des Archives de la Guerre*, fondée par arrêté royal du 15 novembre 1919.

Les archives allemandes (papiers abandonnés à Etterbeck au moment de l'armistice) forment la source documentaire la plus importante : dossiers de la « Finanzabteilung » du Gouvernement général, archives de la IVe Armée (duc de Wurtemberg), dossiers des « Kommandantur ». Le fonds belge comprend les archives de la Croix-Rouge et de différentes œuvres d'assistance ; les documents relatifs aux services de renseignements qui ont fonctionné en Belgique pendant la guerre (services de « passages » en Hollande ; services d' « observation », de diffusion des écrits prohibés, etc...), avaient été, dès le début de 1919, réunis par une « Commission des Archives des Services patriotiques », œuvre privée encouragée par le gouvernement ; les dossiers de cette organisation vont être versés à la Commission des Archives de la Guerre. Enfin une collection de journaux belges, de publications clandestines, de volumes relatifs à la Belgique (4.500 en août 1921) est en voie de formation. Voilà donc une œuvre très importante. Sans doute, destinée surtout à une œuvre d'histoire nationale, elle n'a pas l'envergure ou les prétentions de certaines collections auxquelles nous nous sommes précédemment arrêtés ; mais elle est inspirée par un vrai souci du travail historique, et nettement orientée vers les résultats pratiques. Dès maintenant, elle publie un *Bulletin*, qui, outre de bonnes indications bibliographiques, traite les questions de documentation et édite des textes.

Un grand élan, parfois rompu déjà ; un effort multiple, parfois dispersé, voilà l'impression que laisse, n'est-ce pas? ce rapide inventaire des institutions étrangères. Les matériaux s'amassent ; l'exploitation en est à peine amorcée. Parfois même, à la faveur d'un programme incertain, c'est le pittoresque qui l'emporte ; parfois aussi le culte extérieur du souvenir. Et sans doute ce ne sont pas là des préoccupations secondaires ! Mais, pour l'historien, elles n'offrent qu'un intérêt restreint. Et n'est-il pas regrettable aussi de voir, presque partout, le travail de publications de textes et d'exposés synthétiques se développer, en prenant pour base essentielle les pièces d'archives, et négliger au contraire le document imprimé ? La confrontation de ces sources serait possible et fructueuse. Et la France pourrait en donner l'exemple.

PIERRE RENOUVIN.

LA PRESSE ET L'HISTOIRE

UN INSTRUMENT DE TRAVAIL : LE « BULLETIN DE PRESSE »

L'article de journal, document pour l'historien ? Eh quoi ! Quelle créance peut-on accorder à cette presse muselée, qui savait bien peu de choses, et qui n'avait pas le droit de les publier sans autorisation préalable ?

Faut-il compter sur elle pour établir les faits ? Mais les indications qu'elle peut fournir sont fragmentaires, superficielles, souvent erronées ; elles sont déformées, dans la mesure où elles reproduisent les communiqués ou les suggestions des « bureaux d'information », et les nouvelles répandues par les agences de propagande.

Faut-il espérer y trouver l'expression des sentiments et des opinions ? Mais la Censure est passée par là : elle a tronqué les appréciations et rayé les critiques.

Arguments faciles, qui viennent renforcer une défiance instinctive ; mais conclusions trop sévères, qui ne résistent pas à l'examen.

Même dans les pays où la Censure a régné [1], l'étude de la presse ne pourra pas être négligée par l'historien :

C'est par l'information quotidienne qu'il faut suivre, par exemple, les menus faits, où se manifeste la crise des matières premières et des denrées alimentaires, les observations de détail où se marque le développement progressif des transformations sociales ; de tout cela, les rapports officiels ou les documents administratifs ne donneront pas l'équivalent.

C'est encore par le journal que l'on pourra connaître certains

1. Il ne faut pas oublier en effet l'indépendance plus grande dont certaines presses neutres ont pu jouir.

mouvements d'opinions, car la censure ne voyait pas tout, ou n'osait pas tout atteindre : Est-il possible d'étudier l'agitation Zimmervaldienne, sans lire l'*École de la Fédération* ? de méconnaître l'influence des articles de l'*Homme enchaîné* ? d'expliquer certains aspects de la politique intérieure sans les campagnes de l'*Action Française* ?

C'est l'étude encore des grands quotidiens qui permettra, dans l'ensemble, d'apprécier les fluctuations du « moral » : Instrument négatif et souvent maladroit, la Censure peut supprimer ; elle ne peut pas imposer aux journaux le ton de la joie et de l'optimisme ; et les silences systématiques, qui viennent parfois interrompre le refrain de confiance, sont des indices significatifs. Bien mieux, les lacunes même de la presse, les insuffisances de sa documentation sont intéressantes à noter : voilà ce que le gros public savait des opérations militaires, et voilà la mesure de son ignorance ! Ainsi se justifie, chez tous les belligérants, cette imperturbable confiance, par où s'explique la durée même du conflit.

Par la presse, l'historien cherchera donc surtout à atteindre « l'esprit public ».

Mais, resterait-on rebelle à ces raisons, voudrait-on dénier complètement à la presse cette « valeur testimoniale », encore faudrait-il au moins reconnaître comment, par le journal, on peut toucher à un autre aspect de la vie nationale, — l'action du gouvernement sur l'esprit public.

Action bien évidente : Par les ciseaux de leurs censures, par les suggestions qu'ils lancent, par les articles qu'ils inspirent, les gouvernements travaillent sans cesse à réchauffer l'opinion, à lui épargner les éclats trop durs de la vérité, à entretenir les illusions, dont elle aime à se bercer. C'est une œuvre capitale, dont nul aujourd'hui ne conteste l'importance. N'est-ce pas encore par la presse qu'on en suivra les progrès ? Le journaliste n'a-t-il pas été, pour la masse du public, « l'éducateur et le guide » [1] ?

Si l'on tient cette démonstration pour probante, ne va-t-on pas s'arrêter à une autre objection ? — Etude utile, soit, dira-t-on ! Mais possible ?

Devant l'amoncellement de ces liasses, l'historien hésite : Diffi-

1. A. Capus, *Revue hebdomadaire*, 13 mars 1915 : *La presse et la guerre.*

cultés du choix : vers quels journaux se tourner? Difficultés et lenteurs des recherches : comment trouver, sur un sujet donné, les articles caractéristiques ? Difficultés de lecture même, car l'on ne saurait se passer de journaux slaves, grecs, ou japonais ! Il faut un guide.

Le répertoire idéal n'est guère possible : Reprendre, aujourd'hui, les journaux importants, en tous pays ; en reconstituer la collection complète ; en dépouiller méthodiquement le contenu, ce serait un travail gigantesque, autant que précieux. Il suffit, pour s'en convaincre, de connaître l'étude-type, si intéressante, qui a été faite, sur une courte période (cinq mois de 1914), et sur un terrain réduit (les articles d'opinion parus dans la presse française)[1].

Mais, dès maintenant, l'historien de la Guerre a le moyen de s'orienter dans ce dédale, et de jeter rapidement le coup d'œil d'ensemble qui précédera ses recherches; il peut même retrouver les manifestations les plus importantes de la grande presse : Comment? En utilisant les « Bulletins de presse », que divers gouvernements ont fait établir pendant la guerre. — Soucieux de suivre l'action des journaux nationaux, et plus encore de discerner les opinions ou les tendances de l'esprit public, chez l'allié, le neutre, ou l'ennemi, ils ont organisé des services de « dépouillement », chargés de préparer et de présenter un tableau choisi de la presse. Ce choix, œuvre des spectateurs du conflit eux-mêmes, ne pourra-t-il rendre service à ceux qui viendront étudier et juger?

1. Camille Bloch, *Répertoire méthodique de la presse quotidienne française, 1er vol., année 1914*. Paris, Emile-Paul, 642 pp. in-8. En Allemagne, l'*Internationale Bibliographie d. Zeitschriftenlitteratur mit Einschluss von Sammelwerken u. Zeitungen* (Felix Dietrich, Gautsch b. Leipzig) consacre un supplément au dépouillement de cinquante journaux allemands, sous le titre : *Verzeichnis v. Aufzätzen aus Zeitungen*. Cet index a paru pendant la guerre.

I. — LES PRINCIPAUX « BULLETINS » FRANÇAIS ET ÉTRANGERS

I

Ce que l'on vient demander, de prime abord, au Bulletin de presse[1], c'est de fournir un fil conducteur, d'aiguiller l'attention vers les faits significatifs, de signaler les opinions essentielles ou originales : A travers l'immense production de la presse quotidienne, c'est lui qui servira de « guide ».

Ce service-là, les bulletins rédigés par des services français, nous le rendront plus aisément que tous les autres, même si leur supériorité ne devait consister qu'à nous éviter la peine d'une traduction. Les ressources qu'ils offrent sont abondantes, mais de valeur fort inégale.

L'œuvre la plus importante, à tous points de vue, est celle qu'a réalisée le *Bureau d'études de presse étrangère* : elle est, ici même, l'objet d'une notice détaillée[2].

A Paris aussi, le *Bureau d'études de l'Information diplomatique* publiait, sous le titre : « Informations économiques », des bulletins dactylographiés, à peu près quotidiens[3] : Ils prétendaient d'abord avoir une portée générale et donner des indications sur tous les grands belligérants; naturellement, la conception se modifia bientôt : dès octobre 1916, chaque numéro fut consacré à un pays déterminé; un an plus tard, la spécialisation s'accentua; on n'aborda plus qu'une seule question à la fois, et souvent on se borna pour la traiter à reproduire la traduction d'un seul article. Aussi cette collection est-elle très variée : c'est une mine de ren-

1. C'est aux *Bibliothèque et Musée de la Guerre* que peuvent être consultés la plupart de ces Bulletins; la collection en est importante; certaines séries sont pourtant incomplètes encore.

2. Voir ci-dessous l'article de M. Julien Cain.

3. La série, commencée le 16 avril 1916, a pris fin le 15 septembre 1919.

seignements. Il ne faut pas y chercher des appréciations, mais surtout des chiffres et des faits.

Mais l'étude de la presse austro-allemande formait, à elle seule, l'objet de services spéciaux, qui méritent une étude précise.

Les travaux du *Service de renseignements de Belfort* présentent, à cet égard, un grand intérêt. Ils ont été amorcés, dès 1915, sous une forme assez modeste : un fascicule quotidien, formé de huit à dix feuillets dactylographiés, recueillait, pour les questions auxquelles l'actualité prêtait le plus d'importance, des extraits de la presse allemande; ces traductions étaient précédées de courtes appréciations générales. Dès ce moment, le *Bulletin* de Belfort jouait un rôle fort appréciable, parce qu'il contribuait à former l'opinion de notre État-Major.

A la fin de 1915, il y eut deux séries parallèles, l'une consacrée à l'étude journalière de la presse, l'autre destinée à reproduire, sur certains sujets, des articles plus étendus, qui constituaient des « documents ».

Le *Bulletin de presse*, dans sa forme définitive, donne d'abord un résumé général des journaux allemands antérieurs de deux ou trois jours; il essaie d'en définir l'attitude moyenne au sujet de l'événement du jour : crise politique ou militaire. Puis vient une « Revue de presse », qui est la partie essentielle du fascicule : en dix ou douze pages, très denses, les rédacteurs du bulletin reproduisent et traduisent les extraits des journaux allemands; ce sont les récits et les commentaires relatifs aux opérations militaires; puis, mais dans une moindre mesure, les discussions auxquelles donnent lieu la question des origines de la guerre, le problème de la paix, la politique baltique ou polonaise; enfin, l'attitude de l'opinion allemande à l'égard de ses alliés et des neutres. Les communiqués des belligérants figurent aux dernières pages.

La présentation en est sobre, et souple à la fois. Les traductions ne sont pas reliées par un commentaire; les dimensions du travail, les proportions des différentes parties varient d'un jour à l'autre, car elles doivent s'adapter à l'actualité. Il faut regretter pourtant que, bien souvent, au lieu de donner une traduction intégrale, les rédacteurs aient pratiqué dans l'article de larges coupures, sans indiquer par des points de suspension les phrases supprimées.

Mais, par ailleurs, comme la « Revue de presse » étudie chaque jour, non seulement les grands journaux, mais un certain nombre de feuilles locales, et comme elle donne au moins des extraits de quinze ou vingt articles, elle constitue aujourd'hui un instrument de travail fort appréciable.

La série des *Documents* est très variée. Sous le titre « Journaux et revues de langue allemande », le fascicule traite généralement une seule question, politique ou économique, en rassemblant des analyses ou des extraits empruntés à l'ensemble de la presse. Tous les sujets sont abordés : ici l'avenir de la Courlande et de la Lithuanie (17 janvier 1918), l'activité des syndicats allemands pendant la guerre (1er janvier 1918), là, les ressources alimentaires de l'Ukraine; ailleurs, le compte rendu d'une séance du Reichstag, etc... Mais, les rédacteurs consacrent régulièrement des fascicules spéciaux à la « Vie en Allemagne » (alimentation, agriculture, production industrielle) et à « l'Alsace-Lorraine ». Ce Bulletin Alsacien-Lorrain, reparaît chaque semaine ; en utilisant les journaux allemands ou alsaciens, il donne d'abord un compte rendu des débats du « Conseil général » d'Alsace; il rend compte des condamnations prononcées par les Conseils de guerre, pour les cas d'insoumission, de désertion; il indique les mises sous séquestre et les liquidations de biens : c'est un excellent tableau de la vie politique en Alsace-Lorraine de 1915 à 1918.

Il y avait aussi, à Berne, un Bureau de presse français, qui étudiait tout particulièrement les journaux allemands [1]. Chaque jour, il publiait deux bulletins, l'un dans la matinée, l'autre le soir, sous forme de fascicules dactylographiés : travail mené, par conséquent, en grande hâte.

Ce sont les questions politiques qui paraissent retenir surtout l'attention des rédacteurs de ce bulletin. Les appréciations des journaux sur les événements militaires, les menus faits qui caractérisent la crise économique ne sont pas négligés; mais ils sont traités plus rapidement [2]. Ni la forme du fascicule, ni les cadres ne sont d'ailleurs fixés avec beaucoup de précision. Les analyses voisinent avec les citations; souvent, pour présenter les opinions de presse qui concernent un même sujet, le rédacteur les résume en quelques mots; parfois, il fait intervenir ses propres appréciations.

1. Les journaux de langue allemande en Autriche-Hongrie et en Suisse, et certains journaux polonais sont également utilisés.

2. Ce bulletin consacrait lui aussi en 1918 des fascicules spéciaux à l'Alsace-Lorraine, en examinant la question dans le cadre de la politique générale.

Par l'ampleur des dépouillements, c'est là un travail fort utile, qui peut orienter des recherches, lorsqu'elles ont un objet chronologique très précis. Mais ce bulletin peut-il dispenser de recourir aux journaux eux-mêmes? Il ne le semble pas. Les extraits sont souvent trop courts pour donner la physionomie vraie d'un article. Il arrive même parfois que tel ou tel passage paraisse surtout destiné à être reproduit dans la presse française. Le choix n'en est évidemment pas inspiré par un strict souci d'objectivité [1].

Mais il faut se garder d'exagérer la portée de ces critiques, qui n'enlèvent rien à la valeur essentielle du bulletin, à la sûreté de vues, à la qualité de l'analyse.

Pour peu qu'il s'intéresse avant tout aux Puissances centrales, l'historien aura encore d'autres ressources; celles que peuvent lui offrir les *Documents sur la guerre*, publiés sous l'égide de la Présidence du Conseil.

A vrai dire, il ne s'agit plus là d'un instrument de travail, de caractère impersonnel : répertoire plus ou moins complet d'articles de journaux, et traductions plus ou moins intégrales. Ce que donnent les *documents*, ce sont des études, où l'article de journal n'est cité qu'à titre de référence.

La série « politique » n'est pas datée; mais c'est au début d'août 1915 que commence ce grand travail. En principe, chaque bulletin donne d'abord un tableau de la vie politique allemande pendant le mois précédent, uniquement d'après la presse; il étudie ensuite les principales préoccupations intérieures et extérieures, et essaie de dégager les tendances de l'opinion. L'Autriche-Hongrie est l'objet des mêmes observations, dans des proportions plus restreintes. Souvent, en 1917, le bulletin s'achève par un paragraphe consacré à la Russie, toujours d'après les informations et appréciations allemandes. Cette étude mensuelle comporte plus d'une centaine de feuillets dactylographiés.

Mais, en outre, dès l'origine de la collection, il existe des numéros spéciaux consacrés à une question : Les « conditions de paix » d'après les journaux allemands, en 1915; l'opinion allemande à l'égard des Etats-Unis, etc.; le nombre de ces numéros s'accroît sans cesse; aussi les derniers bulletins de 1918 prennent-

1. Ceci est surtout vrai pour les parties du bulletin consacrées à l'Alsace-Lorraine (en 1918), qui prennent souvent l'allure d'un travail de propagande.

ils l'aspect d'une collection de fascicules, où sont traitées les questions les plus importantes du moment.

La série « économique », dont le premier numéro est daté du 22 septembre 1915, est conçue d'après les mêmes principes; mais, en dehors des journaux, certaines revues, parfois même quelques livres récents, sont utilisés; déterminer l'opinion courante en Allemagne sur la situation financière ou économique des alliés; suivre, par la presse, l'organisation des emprunts de guerre; rendre compte des discussions économiques au Reichstag: c'est le principal objet des bulletins en 1916-1917; puis, là aussi, ce sont les renseignements relatifs au ravitaillement qui viennent absorber l'attention; mais les études spéciales ne sont pas négligées tout à fait: le numéro qui traite de « la réparation des dommages en Prusse Orientale », par exemple, est un type excellent de ces travaux.

Ces *documents*, en dépit de leur nom, ne constituent donc pas une *source* pour l'étude de la guerre; les citations textuelles sont trop rares, et les références même sont parfois trop incomplètes pour que les bulletins puissent servir d'index et de guide; mais, si une table commode permettait des investigations rapides, cette série d'études serait certainement consultée pour fournir un point de départ et une première orientation.

En même temps, l'étude de la presse des pays alliés ou neutres était l'objet d'un effort intéressant. Sans prétendre étudier tous les bulletins de ce genre[1], il faut au moins connaître trois d'entre eux, qui paraissent appelés à rendre fréquemment service:

A Berne, les services de l'ambassade de France ont rédigé, dès le mois de juin 1915, et jusqu'à la fin des hostilités, un important *Bulletin de la presse suisse*. Chaque jour, les principaux journaux de langue française et de langue allemande étaient étudiés. Le travail portait sur douze, quatorze et même parfois dix-huit feuilles, qui représentaient toutes les nuances de l'opinion, sans oublier les organes socialistes, comme la *Sentinelle* et le *Berner Tagwacht*, ou germanophiles comme le *Berner Tagblatt*. La méthode était celle-ci : traduire les passages les plus caractéristiques; rappro-

1. On pourrait étudier aussi, par exemple, les bulletins rédigés par le Haut-Commissariat franco-américain.

cher, sous un titre commun, ceux qui traitaient le même sujet, sans jamais adopter de rubrique permanente; résumer en quelques mots, ou signaler tout simplement, les articles moins importants. Extraits et analyses formaient environ dix-huit pages. On y joignait parfois de brèves indications bibliographiques.

Les renseignements donnés par le Bulletin étaient répartis en « Nouvelles politiques et diplomatiques », — « militaires », — « économiques et financières ». Sous le premier titre, figuraient à la fois les articles relatifs à la politique intérieure suisse, et les commentaires sur la situation des pays belligérants; sous le dernier, se trouvaient, à côté des manifestations diverses de la crise économique, les discussions abondantes que soulevait le problème du ravitaillement.

Le Bulletin forme donc un guide commode pour qui veut étudier les conventions passées entre le gouvernement suisse et ses voisins, pour qui veut suivre aussi l'évolution de l'esprit public en Suisse pendant la guerre. Mais ce n'est pas là tout son intérêt. Dans ce pays, foyer des mouvements pacifistes, refuge des internationalistes —, en même temps qu'il était le centre des organisations de propagande, — la lecture des journaux pouvait apporter quantité de menus faits, dont une étude rétrospective saura tirer parti.

A Athènes, pendant les mois critiques de 1917, était établi, en français, un copieux *Bulletin de la presse grecque*; il avait deux éditions par jour, l'une consacrée aux journaux du matin, l'autre aux journaux du soir; et chacune comprenait une quinzaine de feuillets dactylographiés : étude abondante et sérieuse. Aucun effort d'ailleurs pour établir dans ces coupures un classement logique : les rédacteurs prenaient successivement les principaux journaux — une douzaine —, et traduisaient les passages essentiels de l'article de fond; ils reproduisaient aussi quelques articles d'information; aussi la consultation du bulletin est elle assez malaisée. Mais l'instrument n'en est pas moins précieux, car il serait fort difficile de reconstituer aujourd'hui une collection complète des journaux eux-mêmes.

A Pétrograd, sur l'initiative, dit-on, de M. Albert Thomas, apparut, en avril 1917, un *Bulletin de presse russe*[1]; il visait à procurer aux services français une exacte idée du contenu des

1. Il y avait un bulletin analogue à Moscou.

principaux journaux. Chaque numéro donnait une série d'informations, et, sous le titre « opinions », la traduction ou l'analyse de quelques passages caractéristiques, choisis, semble-t-il, dans un esprit très large. Mais, dans l'intention de ses rédacteurs, ce bulletin recueillait des nouvelles, bien plus qu'il ne rendait compte de l'esprit public; encore est-il difficile au premier aspect de distinguer l'analyse de la traduction intégrale. Cette série a pourtant une grande qualité, sa durée : le bulletin paraissait encore à la fin de 1918; il donnait alors la substance de quatre journaux bolcheviks, et si, par la force des choses, la rubrique « opinions » était bien réduite, au moins les informations donnaient-elles une relation assez étendue des congrès de Soviets. Imparfaite, cette source de renseignements est pourtant d'une utilité incontestable; elle donne sur la presse russe un aperçu plus complet que tout autre bulletin [1], et cet aperçu peut être, pour certains moments, notre seule ressource, tant la collection des journaux eux-mêmes est difficile à réunir.

Ce coup d'œil rapide, limité aux bulletins les plus utiles et les plus sérieux, n'apporte-t-il pas quelque désenchantement? Tant d'organismes, pour mener un effort similaire! Tant d'études consacrées à la presse austro-allemande, par des services presque voisins! N'est-ce pas un gaspillage de compétences et d'énergies? Et, parmi tous ces bulletins, aucun qui donne au chercheur, aujourd'hui, toutes les facilités qu'il voudrait y trouver! Défaut de cohésion, adaptation trop étroite aux besoins momentanés : ce sont les remarques qu'il faut bien faire.

Mais ces ressources imparfaites peuvent être étendues et complétées; il faut recourir aux bulletins qu'ont établis, à l'étranger, des services analogues aux nôtres.

Pour avoir une revue générale de presse, un coup d'œil d'ensemble sur les questions d'actualité, sur l'opinion des neutres ou des adversaires, le *War Office* à Londres, le ministère des Affaires Étrangères à Rome [2], les services de presse du haut commandement, en Allemagne, avaient constitué des bureaux d'études; les

1. Il faut mettre à part pourtant la revue de presse publiée à Berlin, sous le titre *Die russische Korrespondenz*.

2. La « Revue de presse » établie à Rome, toute dominée par des préoccupations italiennes, ne peut soutenir la comparaison avec les grands bulletins français, anglais et allemand.

bulletins quotidiens, qui en émanaient, peuvent être rapprochés du nôtre; peut-être y aurait-il matière à des comparaisons ou à des confrontations suggestives [1].

Mais ce sont surtout les bulletins spéciaux, consacrés à un ordre de questions déterminé, qui retiendront l'attention de l'historien, et qui pourront lui fournir les indications les meilleures.

L'Etat-major anglais, par exemple, publiait, en supplément à sa *Review of the foreign press*, plusieurs séries d'annexes – Le *Blockade and supply supplement* et le *Food Supplement* étaient hebdomadaires; après une introduction sommaire, qui cherchait à dégager un aperçu général, ils donnaient, pour chaque pays, des analyses ou des extraits de presse. La forme en était brève, malgré les dimensions assez larges du bulletin : il s'agissait surtout d'indiquer des faits.

Le supplément *économique*, subdivisé en une vingtaine de rubriques, signalait, tous les quinze jours, les articles relatifs aux questions économiques générales; il en donnait, à l'origine, d'amples analyses ou des extraits; mais, à la fin de 1917, il prit l'aspect d'un répertoire. Le *Technical supplement* et le *Reconstruction supplement*, créés seulement à l'automne de 1917, exerçaient un choix plus strict; sur chaque question, ils cherchaient un article-type et l'analysaient. Il y avait encore, à partir du 1er janvier 1918, un supplément *médical*, mensuel, qui rendait compte, non seulement des articles, mais aussi des livres nouveaux. Enfin, des numéros spéciaux, sans périodicité régulière, groupaient dans un tableau commode les commentaires relatifs aux offres de paix (30 janvier 1917), à la Grèce Constantinienne, ou même au traité de Versailles.

Et tous ces suppléments sont pourvus de tables méthodiques, avec index des matières et des noms de pays. En consultant la rubrique « charbon » du *Supply supplement*, l'abondante liste d'articles, que l'on y trouve, donne un précieux point de départ pour une recherche approfondie [2].

L'instrument de travail constitué par le *bureau documentaire belge*, pour la période 21 septembre 1917-13 novembre 1918, n'est pas moins remarquable.

1. Il faut noter en outre que la *Daily Review of the foreign Press* (établie par le War office) est pourvue d'une table méthodique, qui contient un précieux index des noms de personnes citées dans le bulletin.

2. Ces suppléments ont paru jusqu'au milieu de 1919.

En même temps qu'il donnait, dans un bulletin de *documentation particulière*, à l'usage des ministres, une analyse de quelques appréciations importantes, ce service établissait un *sommaire de presse* : c'étaient de « simples indications... destinées à signaler un fait, un article, ou tel autre élément de la documentation d'actualité ». Le dépouillement s'étendait à tous les journaux belges : ceux de la Belgique occupée, comme ceux qui paraissaient en Hollande, en Angleterre et en France; il insistait aussi sur la presse allemande, dont il importait de connaître les tendances ou le programme; il glissait beaucoup plus vite sur les autres presses, alliées ou neutres, — en tout une centaine de quotidiens.

Dans chaque numéro, revenaient les mêmes préoccupations, et les mêmes rubriques : Vie de la Belgique occupée (administration allemande, état d'esprit des populations envahies, question flamande); problème de la paix; aspects de la politique intérieure belge.

C'est donc, sur un ordre de questions restreint, un répertoire tout à fait important; sans doute, les articles que signale le bulletin, en indiquant d'un mot leur contenu ou leur sens général, sont choisis; mais il n'y a pas lieu de suspecter la sincérité de ce choix, puisque le « sommaire » n'était répandu que dans un cercle étroit, et n'était dominé par aucune consigne de propagande.

A un critique exigeant, l'occasion est d'ailleurs offerte de procéder à une confrontation : Tandis que travaillait le *bureau* du Havre, le Gouvernement général allemand à Bruxelles faisait établir, lui aussi pour son service intérieur, un « Extrait de la presse quotidienne [1] » : mêmes sujets et mêmes sources, mais un travail plus restreint pourtant. La sécheresse en est un peu rebutante, au premier abord. En le feuilletant, néanmoins, on ne manque de s'y intéresser : c'est qu'il porte le reflet des préoccupations du Gouverneur. Il faut voir par exemple quelle place occupent, en 1916, les articles relatifs au cardinal Mercier !

Pour précieux qu'ils soient, tous ces instruments de travail peuvent prêter à une critique générale; même s'ils sont destinés à renseigner un petit nombre de fonctionnaires, et à leur donner une idée exacte de l'opinion étrangère, ces bulletins exercent-ils un choix impartial et judicieux? Ils ne sauraient nous satisfaire

1. A vrai dire, la collection que possèdent les Bibliothèque et Musée de la Guerre est encore incomplète.

parfaitement : Dominés par les événements, plongés dans l'action au jour le jour, ces rédacteurs étaient souvent mal placés pour mettre le doigt sur le fait capital ou sur l'opinion intéressante; peut-être, en toute bonne foi, donnent-ils de la presse qu'ils analysent une image déformée. En utilisant leur travail, même s'ils paraissent sincères, l'historien n'oubliera pas ce défaut de perspective.

II

Et s'ils ne le sont pas? Si l'examen critique prouve une déformation *volontaire*? Alors, c'est un autre genre d'intérêt que présente le bulletin : comme guide, il est récusé; mais comme moyen d'apprécier le travail d'un gouvernement sur *son* opinion publique, il est utile. — C'est à ce titre qu'il faut étudier par exemple l'œuvre du Bureau de presse allemand. Faute de pouvoir procéder, dans les limites de cet article, à des investigations plus étendues, c'est à lui que doit aller d'abord notre curiosité.

Il n'y a pas lieu de retracer en détail, ici, l'organisation des services de presse en Allemagne pendant la guerre[1] : à partir d'octobre 1915, ils étaient groupés sous le nom de *Kriegspresseamt*, et placés aux ordres immédiats du commandement suprême. Le Bureau était divisé en trois sections : Presse nationale (*Inlandstelle*), Censure (*Oberzensurstelle*), et Presse étrangère (*Auslandstelle*). C'est celle-ci qui établissait, sous le nom de *Nachrichten des Auslandspresse*, un bulletin de coupures; elle en distribuait les exemplaires, en dehors des services du Grand Quartier Général, aux journaux et à quelques personnalités notoires. Mais, sauf de rares exceptions, expressément indiquées, aucun paragraphe du bulletin ne pouvait être reproduit sans autorisation de la Censure.

Voilà les principes qui ont été appliqués jusqu'à la crise finale : le 21 octobre 1918, seulement, les services de presse échappent à l'autorité du Grand Quartier; c'est le chancelier qui prend la direction de l'*Inland* et de l'*Auslandstelle* ; il charge Erzberger de s'en occuper, — trop tard pour en modifier utilement l'esprit.

1. Il faut lire à ce sujet le livre de W. Nicolaï. *Nachrichtendienst, Presse und Volksstimmung im Weltkrieg*, Berlin, 1920, in-8°. L'auteur était chargé de diriger une partie de ces services, au G. Q. G. allemand.

Les *Nachrichten* sont une publication quotidienne, dont le premier numéro est en date du 5 mars 1915[1]; chaque numéro du bulletin porte sur l'ensemble de la presse étrangère, alliée ou neutre; les extraits sont, en principe, classés par pays d'origine, et ces pays rangés par ordre alphabétique : mais en tête du numéro, une rubrique « Généralités » reproduit les extraits relatifs aux questions internationales les plus importantes; c'est là qu'il faut chercher, par exemple, les coupures relatives à l'activité des pacifistes, en Suisse, aux conditions de paix formulées par la presse de l'Entente; les avis de la presse neutre sur l'évolution générale de la guerre et les chances respectives des belligérants. D'ailleurs, au bout de quelques mois, le titre de ce paragraphe s'adapte mieux au contenu; il devient « Questions générales relatives à la guerre et à la paix ».

En outre, il existe d'autres rubriques spéciales, qui échappent au classement géographique; ce sont, par exemple, la rubrique de la « flotte », celle des « problèmes de neutralité », celle du « théâtre balkanique des opérations »; leur importance relative varie avec les événements; par moments, elles disparaissent. Ainsi le bulletin a plus de souplesse pour s'adapter à l'actualité. De ces rubriques spéciales, une seule est permanente, c'est celle qui s'intitule *Kriegskritik*; on y trouve surtout les appréciations des journaux neutres sur la situation militaire : le *Politiken* de Copenhague, le *Morgenbladet*, le *Sozialdemokrat* ou le *Stockholms Dagblad* y sont les grands oracles; mais la presse de l'Entente est mise, elle aussi, à contribution : les articles du colonel Repington, dans le *Times*, ceux du *Journal of Commerce* qui préconisent une attaque anglaise contre Zeebrugge, y figurent en bonne place.

A l'origine, les extraits de presse relatifs à la vie économique figuraient dans le bulletin quotidien; ils étaient généralement répartis dans les rubriques géographiques; parfois, pourtant, un paragraphe *Wirtschaftliches* groupait les plus importants d'entre eux[2].

Pour donner à l'étude de ces questions tout le développement nécessaire, la Section de presse prit le parti de leur consacrer un bulletin supplémentaire spécial : c'est le 26 février 1917 que parut

1. Le dernier numéro est du 31 juillet 1919; mais le bulletin a été continué pendant quelques mois encore, sans caractère officiel, sous le nom de *Rotbuch des Auslandspresse*.

2. Pourtant les très nombreux extraits relatifs à la « Conférence économique » de juillet 1916 sont dans la partie « Généralités ».

le premier « bulletin économique ». D'abord hebdomadaire, ce supplément fut publié deux fois par semaine — mardi et jeudi — à partir du 15 mars.

Imprimé sur un seul côté de la page, pour faciliter la constitution de dossiers de coupures, la « partie économique » comprenait, en moyenne, dix à douze pages, chaque numéro contenant ainsi cinquante à soixante-dix paragraphes.

Il était divisé en deux groupes principaux : *Questions générales*, où l'on plaçait en principe les articles relatifs au commerce international, à la production mondiale de telle ou telle matière première, et aux grands faits économiques dont la répercussion est le plus large : mouvement de l'or et de l'argent, cours des changes, etc , ainsi qu'aux études comparatives. — *Questions nationales*, où étaient mentionnés les problèmes propres à chaque pays, qu'il s'agît de la vie financière, du mouvement commercial, ou des questions de ravitaillement; la vie sociale même, dans la mesure où elle est le plus intimement liée au développement économique n'était pas négligée : taux des salaires, main-d'œuvre, en général tout ce qui concerne le marché du travail y trouve sa place.

Bien que les rédacteurs du bulletin fassent preuve d'une curiosité très étendue, bien qu'ils cherchent à étendre leur documentation jusqu'à l'Inde, jusqu'au Japon, jusqu'à l'Australie, c'est évidemment l'ennemi d'Europe qu'ils étudient le mieux; et l'Angleterre tient, à juste titre, dans ce bulletin, le premier rang : l'état des finances publiques, les débats budgétaires, le rendement des impôts y sont suivis pas à pas; les rapports annuels des grandes Compagnies de navigation y sont analysés; le marché des matières premières est une des rubriques les plus fournies.

C'est aussi pour l'Angleterre que les sources utilisées sont le plus abondantes. En dehors des grands quotidiens, *Morning Post* et *Times* surtout, les rédacteurs dépouillent le *Statist*, l'*Economist*, la *Board of Trade Labour Gazette;* ils font appel aux publications spéciales de Liverpool et de Birmingham, et même à des périodiques de caractère plus général, tel l'*Edinburgh Review* C'est cette presse britannique qui est à vrai dire, leur principal souci, et leur meilleure base; leurs rubriques « Asie » et « Afrique », leur paragraphe « États-Unis » même, sont constitués en majeure partie par des coupures de périodiques anglais. Les pays scandinaves, la Russie, la Hollande leur paraissent pourtant mériter un effort particulier : outre les *Novoïe Wremya*, ils utilisent sept ou huit périodiques russes, et sutout le *Birshewija Wjedomosti*[1]. — Par contre, les pays latins sont négligés : en Italie, en Espagne, ils dépouillent deux ou trois périodiques; pour la France, la documentation est pauvre : si le *Génie Civil*, la *Revue Économique et Financière* et l'*Économiste Français* ne leur sont pas inconnus, aucune revue économique régionale ne retient leur attention.

Tel est le double aspect — économique et politique — des *Nachrichten des Auslandspresse*. Le lecteur français y trouvera-t-il mention de questions ou d'extraits négligés dans nos « bulletins » français ? Bien entendu ! La documentation russe et scandinave y est certainement plus abondante[2], et même, pour les problèmes anglais, par exemple, les préoccupations allemandes étaient de nature à orienter le « bulletin économique » vers des aspects que nous n'avons pas l'habitude de considérer.

Mais ce ne sont pas ces renseignements complémentaires que l'historien y viendra chercher de préférence : ce qu'il demandera au bulletin allemand, c'est de lui indiquer comment les journalistes et les hommes politiques allemands connaissaient les affaires de France, sous quel jour leur gouvernement les leur présentait, quelle idée ils pouvaient se faire de notre esprit public.

Façonnées par les collaborateurs du *Kriegspresseamt*, selon les directives de l'État-Major Général, les *Nachrichten* ont-elles présenté à leurs lecteurs un tableau fidèle et impartial de la presse française? et, si elles ont déformé les traits de cette physionomie, est-il possible de dire *dans quelle mesure* et *selon quels principes*?

A cette question, il n'est pas possible de donner une réponse uniforme : il faut considérer successivement les deux parties du bulletin.

La partie *économique* vise surtout à renseigner l'Allemagne sur des *faits*; les appréciations portées par les journaux sur la situation économique de leur propre pays ne sont évidemment pas négligées; mais elles occupent beaucoup moins de place que les précisions documentaires : ce sont des chiffres et des statistiques que recherchent surtout les rédacteurs du bulletin.

Mais gardent-ils, dans la présentation même de ces faits, une

1. *Messager de la Bourse.*
2. Voir, par exemple, en juin-août 1917, les nombreux extraits de presse russe relatifs aux difficultés intérieures, à la question Ukrainienne, au sort de la Finlande.

impartialité rigoureuse ? Il ne le semble pas : Car, à côté de titres simples et objectifs, on en trouve d'autres qui sont manifestement destinés à créer chez le lecteur un certain état d'esprit. Par exemple, l'extrait d'une feuille française qui évalue, en 1917, les secours à attendre des organisations financières américaines, est reproduit sous le titre : « Illusions des Français sur l'aide financière américaine » ; à la même époque, toutes les critiques adressées au ministre du ravitaillement, M. Violette, sont relevées avec grand soin par les collaborateurs du *Kriegspresseamt* ; ils mettent aussi une insistance toute particulière à noter les indices d'épuisement économique, et la pénurie de matières premières en Russie. — Et certes il était tout naturel que ces rédacteurs missent quelque complaisance à publier ces indices ! Mais pourquoi les faire précéder de « manchettes », qui n'ajoutaient rien à leur portée, et qui tranchaient de façon désagréable sur la tenue moyenne du bulletin ?

La partie « politique » prête, dès l'abord, à des critiques plus graves. Ce n'est pas que les rédacteurs aient une documentation insuffisante, ou arbitraire ; au contraire ! Ils reçoivent, pour chaque pays, les grands quotidiens de toute nuance ; pour la France, ils sont particulièrement riches : leurs dépouillements semblent porter sur tous les journaux importants de Paris. L'*Humanité*, le *Pays*, l'*OEuvre*, sont représentés, aussi bien que l'*Homme Enchaîné* et l'*Action Française* ; et cela, sans négliger les journaux les plus fidèles aux doctrines officielles ; en province, le *Populaire*, de Nantes, la *Dépêche*, le *Salut Public* sont, en 1917, fréquemment cités. Les sources ne font donc pas défaut.

Mais c'est précisément la mise en œuvre, l'utilisation de ces sources qui est contestable ; et c'est aussi la façon dont elles sont présentées au public allemand qui témoigne d'un esprit étroit et fâcheux.

La partialité est manifeste : toujours les rédacteurs insèrent de préférence dans leur bulletin les articles qui expriment une inquiétude de l'Entente. La rubrique « flotte » ne contient guère que des coupures de presse relatives à la guerre sous-marine : aveux de la presse anglaise, et appréciations pro-allemandes de journaux scandinaves ou hollandais ; dans le paragraphe « Balkans », ce sont les articles où semblent, à propos de la Grèce, s'affirmer des divergences entre les puissances occidentales ; et les opinions des critiques militaires, prises dans les journaux neutres, sont le plus souvent destinées à souligner des échecs de l'Entente, tel un article du *Sydsvenska Dagbladet* : « La dixième bataille de l'Isonzo, défaite italienne », un autre, dans la *Rorschacher Zeitung*, où les combats indécis du 20-21 juin 1917 sur le Chemin des Dames sont représentés comme une victoire allemande.

Bien mieux que ces exemples, le simple relevé des extraits de presse française publiés pendant un mois quelconque suffit à caractériser la « manière » des rédacteurs du bulletin. A les en croire, la presse française manifeste un grand découragement, et une vive irritation; ce ne sont qu'attaques contre le Gouvernement, le Parlement, le Service de santé, critiques relatives au matériel et au personnel d'artillerie, désaccords sur les buts de guerre; ainsi, toutes les voix discordantes sont mises en plein relief. Le tout est agrémenté de quelques appréciations suisses et italiennes : « Comment on cherche à remonter le moral en France »; « un témoignage sur la dépression morale en France après l'offensive d'avril », appréciations qui ne sont peut-être pas déformées, mais reproduites ici *parce qu*'elles sont défavorables à l'Entente. Les lecteurs des *Nachrichten* n'entendent bien souvent qu'un son de cloche !

Et puis, dans la présentation de certains extraits, les collaborateurs du Bureau de presse font preuve d'une habileté un peu grosse, ou d'une désinvolture singulière. L'offensive Broussiloff en fournit des exemples frappants : pendant la période critique de la bataille, les *Nachrichten* sont très discrètes; elles donnent de rares coupures de journaux russes et français, et se gardent bien de reproduire les symptômes enthousiastes. Mais les succès russes s'arrêtent : Belle occasion pour tourner en ridicule cet optimisme prématuré! Et voici qu'un article où Ph. Millet, dans l'*Observer*, du 15 juillet 1917, montrait dans quelle mesure l'offensive russe contribuait à améliorer le moral en France, est reproduit dans les *Nachrichten* du 26; mais sous quel titre? *Gehobene Stimmung während d. russischen Offensive*[1]. Le lecteur allemand est donc poussé à croire que l'échec de Broussiloff a entraîné une nouvelle dépression, aussi accentuée qu'auparavant. Un autre article, paru en Angleterre le 17, est reproduit également le 26,

1. « L'exaltation du moral pendant l'offensive russe. »

avec la mention : « Ce qu'on espérait en Angleterre de l'offensive russe. »

Ainsi tout ce qui aurait pu ébranler l'esprit public allemand vient, à l'heure opportune, le consolider !

Le critique ne saurait avoir trop de scrupules : la simple lecture des *Nachrichten* laisse une impression défavorable ? Oui, mais il ne faut pas s'en tenir là : c'est à un examen plus précis encore qu'il faut se livrer, sur quelques points au moins, en comparant, sur un sujet donné, les articles parus dans la presse française, et les extraits publiés dans le bulletin allemand.

Voici, par exemple, un événement sur lequel la presse parisienne a donné une note presque unanime : c'est la constitution du ministère Clemenceau, en novembre 1917. La plupart des grands journaux[1] déclarent qu'il est « l'homme de la situation » ; ils constatent que l'opinion lui fait le meilleur accueil, et prévoient que les Chambres lui donneront une forte majorité. Dans la presse modérée, les *Débats* seuls manifestent une certaine inquiétude ; Albert Petit, dans son article du 17, se méfie de ce tempérament trop puissant : « Il y a du risque, et on le sait. » C'est uniquement à l'extrême droite et à l'extrême gauche que l'on proteste : Maurras, dans l'*Action Française*, admet bien qu'un homme énergique soit nécessaire, mais, dit-il, encore faudrait-il quelqu'un qui voie clair ! Sembat, dans l'*Humanité* du 16, parle de « danger national » et annonce une « opposition réfléchie et irréductible ». Mais ces discordances s'effacent elles-mêmes cinq jours plus tard : Amis et adversaires constatent tous le grand succès de la déclaration ministérielle.

De ces articles, quelle idée les *Nachrichten* vont-elles donner ? Le premier extrait qu'elles reproduisent, dans leur numéro du 26, est celui des *Débats*. Le lendemain, c'est l'article de l'*Humanité*, du 16, sous le titre « Sembat contre Clemenceau » ; en même temps, un extrait des appréciations d'Hervé, mais elles font allusion aux « craintes de dictature » que semblent éprouver certains parlementaires en face du nouveau ministre ; elles ne rendent pas compte de la physionomie réelle de l'article. Dans le numéro du 25, ce sont, sous le titre « Les Socialistes contre Clemenceau », quatre

1. Ex. : *Écho de Paris*, *Temps*, *Victoire*, *Gaulois*, *Rappel*, *République française*, *Figaro*, *Liberté*, etc, du 16 et du 17. D'ailleurs l'*Humanité* même constate la quasi-unanimité des suffrages.

coupures, alors qu'aucun extrait n'est donné de la presse radicale ou progressiste. Le 26, deux nouveaux articles de l'*Humanité*, et une note inquiète de l'*Intransigeant*; rien d'autre! De l'accueil fait, le 22, à la déclaration ministérielle, pas un mot!

Ainsi, le jugement se formule de lui-même. Les rédacteurs des *Nachrichten* ne donnent aucune idée de l'ensemble de notre presse; c'est à l'opposition, minuscule, qu'ils réservent toute leur attention.

En multipliant ces sondages, en les étendant aux questions militaires, — sans qu'il soit nécessaire ici de donner le détail des nvestigations — on obtient dans la plupart des cas des résultats analogues [1].

Les constatations sont curieuses aussi, si l'on se reporte à la crise politique de juillet 1917. Le Reichstag vote, le 19, la fameuse « résolution de paix », dont Erzberger est le promoteur. C'est une manifestation que l'État-Major Général a été obligé de subir, mais qu'il importe de discréditer dans l'opinion. Précisément, la presse française ne croit pas à la sincérité de la « résolution »; elle y voit généralement une comédie, ou une simple « manifestation académique »; elle l'interprète encore comme un aveu de faiblesse, et comme une première atteinte à l'union des partis [2]. Aussi faut-il voir avec quel soin les rédacteurs des *Nachrichten* recueillent ces appréciations, si favorables à leur dessein: n'est-il pas évident maintenant que le Reichstag a pris une initiative bien malheureuse, dangereuse même pour la patrie allemande? Et dans leur zèle, ils donnent à ces extraits une ampleur, qui ne correspond guère à la physionomie réelle de notre presse, bien plus attentive aux idées et aux discours de Michaëlis, qu'à la motion d'Erzberger.

Voilà le jour sous lequel les lecteurs des *Nachrichten des Auslandspresse* ont connu la presse française, voilà sous quel aspect l'opinion française leur a été montrée. Et ces lecteurs, c'étaient les parlementaires, les journalistes et les collaborateurs du G. Q. G.: tous les guides de l'esprit public. Cela n'explique-t-il pas bien des choses? A l'attitude de ces hommes, à la faiblesse de leurs réactions, en face de tel événement, le savant dressage des *Nachrichten* n'est peut-être pas étranger! Ces chefs militaires, qui reprochent

1. Voir, par exemple, dans le n° du 25 juillet, p. 7, l'extrait reproduit sous le titre « La tentative française de rupture entre Aisne et Marne est un échec ».

2. Seul, le *Journal du Peuple* donne une note différente.

maintenant au chancelier de n'avoir pas su utiliser au maximum les forces morales, ne concevaient pas, pour affermir et éduquer l'esprit public, d'autre moyen que celui-ci : prolonger les trompeuses illusions !

L'historien ne manquera pas d'utiliser ce témoignage. Et, peut-être, d'ailleurs, en appliquant les mêmes procédés critiques à des bulletins similaires, pourra-t-il aboutir à d'autres constatations intéressantes.

La guerre a produit une floraison de « Bulletins ». La paix, en élaguant, ne les a pas tous détruits : en France, le Bureau d'études de presse étrangère poursuit sa double série d'analyses ; en Angleterre, la *Review of the Foreign press* est continuée, à titre privé, et sur une échelle très réduite, sous le nom d'*Economic Review*.

Mais voici que d'autres bulletins sont apparus.

Dans cet article, uniquement consacré à la documentation « de guerre », il n'est pas possible de les étudier en détail. Voici seulement la brève indication des principaux d'entre eux : Pour suivre l'évolution des questions allemandes, les services français de la Haute-Commission interalliée des territoires rhénans établissent trois séries : une revue de presse, qui traduit de larges extraits ; une *revue mensuelle des revues allemandes*, qui sait exercer un choix excellent ; et un *bulletin d'informations économiques*. C'est une œuvre de grand intérêt, et d'une réelle utilité, d'autant qu'elle paraît empreinte d'un esprit large et sincère.

Ce sont, au contraire, des initiatives privées qui ont fait paraître, à l'usage du grand public, la *revue de la presse allemande*[1], rédigée par un groupe d'universitaires, à Strasbourg, et la *revue hebdomadaire de la presse anglaise*, de création toute récente[2]. Ni l'un, ni l'autre ne dispensent de recourir aux publications du Bureau de presse étrangère. Le très gros bulletin quotidien, qu'établit la *Société d'études et d'informations économiques*, et qu'elle destine aux chefs de la haute finance et de la grande industrie, est aussi, en grande partie constitué par des extraits ou des analyses de presse.

1. A vrai dire, cette revue, dirigée d'abord par le Dr Bücher, puis par M. Vermeil, se présente comme la suite d'un bulletin dactylographié, que rédigeait, en 1919, le Service d'Informations du Haut-Commissariat.

2. Le premier numéro est daté du 4 juin 1921.

Enfin, c'est encore le journal qu'utilisent les collaborateurs du *Comité national d'études sociales et politiques*. Suivre dans les grands quotidiens anglais et français, ainsi que dans les publications du Bureau international du travail, l'évolution des faits sociaux, la vie économique, l'esprit public, l' « orientation nouvelle » et les « possibilités », voilà le programme tracé par ce Comité. Il s'en faut de beaucoup qu'il soit rempli.

Les missions militaires en Tchéco-Slovaquie, en Hongrie, en Sibérie; la mission Nollet, en Allemagne; la Haute-Commission interalliée de Haute-Silésie (général Le Rond) ont, elles aussi, rédigé des *bulletins de presse*, dont il est inutile de souligner l'intérêt. Le secrétariat du Gouvernement de la Sarre continue à établir le sien. Ce ne sont là que des exemples choisis parmi les services français. Les offices de documentation se multiplient. Dans le trouble des rapports internationaux et des relations sociales, c'est une fringale de renseignements, un impérieux besoin de connaître les manifestations de l'opinion, un effort multiple pour entrevoir l'avenir. Initiatives louables, souvent intéressantes, mais trop incomplètes et trop fragmentaires. Qu'en restera-t-il pour l'historien ? Peu d'indications précieuses malheureusement : ces travaux ne sont généralement orientés que vers les besoins présents.

N'y aurait-il pas place pour un organe de liaison qui coordonnerait ces efforts, et qui, tout en offrant aujourd'hui au publiciste et à l'homme d'affaires les renseignements et les références, dont il a besoin, songerait aux chercheurs de l'avenir, pour leur préparer un guide ?

PIERRE RENOUVIN.

II. — LE BUREAU FRANÇAIS D'ÉTUDE DE PRESSE ÉTRANGÈRE ET SES PUBLICATIONS

I

CRÉATION ET DÉVELOPPEMENT DU BUREAU

Il n'est pas exagéré de dire que la guerre a élargi en France le champ que l'on avait toujours tracé dans le domaine de la politique générale à l'information. Celle-ci était conçue de manière assez sommaire. Les ministres, celui des Affaires étrangères en particulier, utilisaient les notes et dépêches, nécessairement limitées, de leurs agents; ils puisaient le plus gros de leurs renseignements dans les télégrammes des agences, dans les télégrammes et les correspondances publiés par les grands journaux français, dans quelques journaux étrangers enfin.

Il est certain que l'on ne négligeait pas tout à fait ces derniers. Déjà avant la guerre le « Bureau des Communications », à ce moment rattaché à la Direction des affaires politiques, rédigeait chaque jour une *Analyse générale de la presse étrangère* qui, tirée à une quarantaine d'exemplaires autographiés, était mise à la disposition des bureaux du ministère. C'est, plutôt qu'une analyse, une collection d'articles bien choisis, le plus souvent d'éditoriaux, mais peu nombreux, de quelques grands journaux allemands, autrichiens, italiens et anglais[1].

C'était déjà peu avant la guerre. Avec la guerre, et la grande faim d'informations qu'elle devait développer chez tous ceux qui

1. Rapport de M. Noblemaire pour le budget du Ministère des Affaires étrangères (exercice 1920, document n° 802, p. 290). Cette analyse, faite par trois attachés seulement, « ne donnait forcément qu'une physionomie lointaine de la presse étrangère ».

étaient chargés de la direction des affaires, on comprit vite tout ce que la presse étrangère, malgré la censure et les divers contrôles qui pesaient sur elle, pouvait nous faire connaître de l'activité de nos ennemis, de nos alliés et des neutres. C'est à l'État-Major de l'Armée, et en particulier à son deuxième Bureau qui est le Bureau des Renseignements, que revient le mérite d'avoir tenté une première organisation.

Le deuxième Bureau, obligé de réunir les informations les plus diverses, de toutes origines, pour les contrôler les unes par les autres, ne pouvait négliger les journaux étrangers. Il y puisait surtout des renseignements ayant un caractère militaire, qu'il s'agît d'opérations (et à cet égard il retint dès l'origine les articles des principaux critiques militaires), de recrutement, d'outillage nouveau, de fabrications de guerre, de contrebande, mais ne négligeait pas tout à fait l'état moral ou la situation politique. Il utilisait, pour la presse allemande, les notes qui lui étaient envoyées par la Section de Renseignements qui fut constituée à Belfort dès les premiers mois de la guerre.

Les diverses sections du deuxième Bureau, classées géographiquement – section allemande, section anglaise, etc. — collaboraient à ce dépouillement de la presse étrangère, qui ne pouvait être qu'un des éléments de leur considérable travail et qui, ainsi conçu, restait maigre et sans unité. Pendant le séjour du gouvernement à Bordeaux, on avait mis sur pied, hâtivement, une organisation provisoire. Une circonstance hâta la création nécessaire d'un service spécial. En février 1915, le ministre de la Guerre constitua, à son cabinet, un « Bureau de renseignements », plus tard : « des informations à la presse ». Il fallut bien renseigner ce bureau de renseignements : on fut ainsi amené à organiser ce qui existait en partie, mais à l'état dispersé, au deuxième Bureau de l'État-Major et à y créer le *Bureau* ou la *Section de recherche de renseignements et d'étude de presse étrangère* (17 février 1915), le rôle de ce bureau étant : *a*) de rechercher les informations étrangères qui peuvent intéresser la presse française et celles qui, transmises aux neutres par les agences, sont de nature à développer l'influence française; *b*) de rechercher les allégations ennemies qu'il faut combattre et les moyens de les combattre. Les sources de renseignements à exploiter comprendraient en particulier : les journaux et revues étrangers alliés, neutres ou ennemis; les télégrammes ou radiotélégrammes alliés, neutres ou ennemis; les renseignements transmis par nos ambassadeurs et nos attachés militaires ou par les bureaux de presse alliés. On prévoyait un personnel d'officiers inaptes à faire campagne, d'interprètes et de soldats du service auxiliaire spécialisés, particulièrement pour les langues allemande, anglaise, russe, italienne, espagnole, hollandaise, suédoise. Le Bureau devait recevoir le plus grand nombre possible de journaux étrangers.

Ainsi naquit le Bureau d'étude de presse étrangère. On fut amené bien vite, d'une part, à élargir son rôle — c'est-à-dire à ne pas se contenter de rechercher ce qui pouvait intéresser la presse française ou développer l'influence française, — d'autre part, à limiter les sources auxquelles il devait puiser : l'utilisation des journaux et revues, documents publics, ne pouvait en effet sans inconvénient être confondue avec celle des télégrammes étrangers et des renseignements transmis par les agents français, documents plus ou moins confidentiels que l'on ne pouvait assimiler aux premiers. Le Bureau devint ainsi exclusivement et resta un bureau d'étude de la presse.

Le champ de ses recherches ne fut pas borné aux renseignements militaires. Il lui fut demandé tout de suite de l'étendre à toute l'activité politique et aussi économique des pays étrangers. Il en résulta que son travail prit très vite et tout naturellement un caractère de documentation générale [1].

Il lui fut possible dès le second trimestre 1915 d'ajouter aux analyses et traductions d'articles isolés, que l'on dactylographiait et dont la diffusion était nécessairement limitée, des études, d'un caractère plus général, sur les diverses presses, qui furent publiées périodiquement, polycopiées et assez largement répandues. En même temps, le Bureau cessait de travailler exclusivement pour le Cabinet et l'État-Major; il envoyait ses productions aux grandes commissions parlementaires et aux divers services

1. Administrativement, le Bureau d'étude de presse étrangère subit plusieurs transformations qui ne modifièrent pas le caractère de son travail et de ses publications. Il fut successivement rattaché au Cabinet du Ministre de la Guerre (1er août 1915), puis au 5e Bureau de l'État-Major de l'Armée (20 décembre 1917), et, après la fusion des 5e et 2e Bureaux (10 février 1917), ramené à ce dernier où il devait rester jusqu'au 1er février 1919, date à laquelle il fut transféré au Ministère des Affaires étrangères. — La section a joui en fait, sinon administrativement, d'une certaine autonomie dès 1915. Elle eut son local, 24, rue de l'Université, hors du Ministère de la Guerre.

qu'elles pouvaient intéresser ; il tendait de plus en plus à devenir un organisme interministériel et affirmait surtout sa collaboration avec le Ministère des Affaires étrangères. Mais avec cette clientèle grandissante les moyens matériels dont il disposait pour la diffusion de son travail se révélaient insuffisants et peu pratiques, coûteux aussi puisqu'ils nécessitaient un nombreux personnel de dactylographes, de « ronéistes », de correcteurs et collationneurs. Plus de cent articles étaient chaque jour traduits ou analysés : le 1er mars 1916, après moins d'un an d'existence, la section avait expédié de la sorte près de 35.000 documents. On s'accordait à regretter qu'ils ne pussent recevoir une publicité, limitée assurément, mais assez large ; être groupés méthodiquement au lieu de se présenter isolément ; former enfin une collection que l'on pût consulter facilement. C'est ainsi que l'on fut amené à créer des bulletins imprimés : les *Bulletins quotidiens* groupant une partie des anciennes analyses et traductions ; les *Bulletins périodiques* remplaçant les études générales dont on avait reconnu la nécessité.

Les Bulletins naquirent d'une occasion favorable, au début de 1916, peu de temps après la création de ce que l'on appela quelque temps la « Maison de la Presse »[1]. Le Ministère des Affaires étrangères y avait réuni les nouveaux services de la propagande et le service de l'information diplomatique auquel était adjoint un bureau d'études ; il lui parut naturel que le Bureau d'étude de presse étrangère collaborât avec l'un et l'autre et qu'en tout cas sa documentation et ses travaux fussent mis à profit tant par le Quai d'Orsay que par la rue Saint-Dominique. Les bulletins, tout en restant « confidentiels », pourraient aussi être envoyés à un grand nombre de services, de membres du Parlement et de la presse, de personnalités qualifiées par leurs travaux ou leurs fonctions. Le premier *Bulletin quotidien* parut le 4 mars 1916 et le premier *Bulletin périodique* le 6 mars.

Cette situation devait se prolonger trois ans environ, pendant

1. On désigne parfois les publications du Bureau d'étude de presse étrangère sous le nom de « Bulletins de la Maison de la presse ». Cette désignation peut prêter à confusion, certains services voisins ayant eu l'occasion de publier divers bulletins d'un caractère très différent. Il convient également de rappeler que la « Maison de la Presse » n'a existé officiellement que quelques mois, pendant lesquels elle a groupé réellement plusieurs services poursuivant le même objet. Il n'y a plus depuis longtemps de « Maison de la Presse ». On a continué de donner ce nom à l'immeuble situé 3, rue François-Ier, bien qu'il abrite depuis 1918 les services les plus divers.

lesquels le Bureau d'étude de la presse étrangère, dont le personnel était militaire, resta administrativement une section du 2e Bureau de l'État-Major de l'Armée, mais entretint des rapports de plus en plus étroits avec le Ministère des Affaires étrangères. Lorsqu'avec la démobilisation il dut faire appel à des collaborateurs non militaires, il parut naturel de le détacher du Ministère de la Guerre. A partir du 1er février 1919, il fut rattaché au Ministère des Affaires étrangères, à la demande de ce dernier, qui fit valoir que désormais l'exploitation des renseignements d'ordre militaire allait passer au second plan et le caractère « politique » des bulletins plus nettement s'accuser. Le Bureau resterait d'ailleurs à la disposition de l'État-Major de l'Armée ainsi que du Ministère de la Marine et des autres ministères.

C'est la dernière étape d'une histoire qui n'est compliquée qu'à la surface. Créé pendant la guerre pour satisfaire à des besoins nouveaux et imprévus, chargé d'assurer un travail tout ensemble technique et très général, informant tour à tour quelques services et un public assez étendu, le Bureau d'étude de presse étrangère ne pouvait se constituer sans tâtonnements. On peut dire qu'à partir de la publication de ses bulletins imprimés, il a trouvé sa forme véritable et s'est donné une méthode, qui ne devait plus subir que quelques modifications imposées par les circonstances.

II

L'ORGANISATION

Le Bureau d'étude de presse étrangère a de bonne heure précisé l'objet de ses travaux. Il ne faut pas, comme on le fait parfois, le considérer comme un centre de documentation générale : il n'est outillé pour cela ni en personnel ni en crédits. Il a limité à la presse les sources de son information, laissant de côté les livres, même les ouvrages purement documentaires. Il s'est interdit de bonne heure, dès 1915 nous l'avons vu, d'utiliser les télégrammes ou radiotélégrammes étrangers ainsi que les renseignements transmis par les ambassadeurs, les attachés militaires, les bureaux de presse alliés. Il travaille sur des textes publics auxquels il se réfère et qui sont accessibles à l'historien.

Le domaine de la presse, qui est le sien, est immense. Il doit se contenter d'y tracer des avenues. Il ne peut être question pour lui de tout embrasser. Il lui faut rejeter toutes les publications ayant un caractère technique, — on fit exception toutefois, pendant la guerre, pour quelques revues militaires et économiques, — et se consacrer à l'étude des journaux et périodiques politiques ou d'information générale. Établir une liste de ces derniers a toujours été une opération délicate.

Cette liste n'a pas été sans subir d'importants remaniements, mais dans l'ensemble elle a toujours gardé ses traits essentiels pour les pays qui n'ont pas été profondément bouleversés, comme la Russie, les États balkaniques ou les États héritiers de l'ancienne monarchie austro-hongroise. On s'efforce de recevoir pour chaque pays les grands organes d'information, ceux que lit « l'homme de la rue », mais aussi ceux qui représentent les principales opinions. C'est sur ces derniers, naturellement, qu'ont porté les principaux changements. Les périodiques, aussi bien les hebdomadaires — essentiels pour les pays anglo-saxons — que les grandes revues de culture générale, n'ont pas été négligés [1].

Le Bureau reçoit ainsi régulièrement environ 300 organes des pays les plus variés : la presque totalité des États d'Europe et d'Amérique, la Chine et le Japon.

En faire le dépouillement avec rapidité et sûreté est un travail délicat, qui demande les plus réelles qualités. Le Bureau a eu le privilège, dès l'époque de sa formation, de disposer de collaborateurs particulièrement distingués : professeurs à la Sorbonne et à l'École des Hautes-Études, professeurs d'Universités, anciens élèves des Écoles d'Athènes et de Rome. La démobilisation les lui a enlevés. Leurs successeurs ont été en majeure partie des universitaires, agrégés de langues vivantes et d'histoire en particulier, mais aussi d'anciens élèves de l'École des Langues orientales, de l'École des Chartes et de l'École des Sciences politiques, enfin des spécialistes de langues peu répandues, pour le recrutement

1. Les journaux reçus par le Bureau d'étude de presse étrangère ont été et continuent d'être répartis, après un certain temps, entre la Bibliothèque Nationale et la Bibliothèque-Musée de la Guerre. Ils forment dans l'ensemble des collections assez complètes, mais il importe de savoir que ni l'acheminement par valises diplomatiques ou militaires, ni l'abonnement direct par voie postale, ni l'usage d'agences intermédiaires n'ont jamais évité des irrégularités dans les arrivées et des lacunes dans les collections. Il faut tenir compte de ce fait quand on consulte les Bulletins.

desquels le concours de l'administrateur de l'École des Langues orientales a toujours été précieux. Ainsi s'est constitué un groupe de traducteurs et de rédacteurs, qui ont pu appliquer des méthodes éprouvées dans d'autres domaines à l'étude de la presse étrangère.

III

LES PUBLICATIONS

Il a paru utile de décrire ici avec quelques détails les publications du Bureau d'étude de presse étrangère. On y relèvera quelques variétés et quelques caractéristiques, que l'historien qui les consulte est intéressé à connaître[1].

I. *Le bulletin quotidien.* — Le *Bulletin quotidien de presse étrangère* est publié depuis le 2 mars 1916 (chaque jour jusqu'au 31 décembre 1918, depuis cette date supprimé le dimanche et les jours fériés). 1991 numéros avaient paru le 1er mars 1922 sur trois, quatre ou cinq pages à trois colonnes, imprimées au recto seulement.

Le *Bulletin quotidien* devait, comme il a été dit, réunir sous une forme maniable, des traductions et des analyses jusque-là isolées. On pensa cependant qu'il ne fallait livrer à l'impression que les articles ayant un caractère général; ceux dont le caractère technique ou trop particulier — ou, pendant la guerre, de nature à entretenir d'inutiles polémiques personnelles — était trop accusé, continuèrent d'être écartés du *Bulletin quotidien* et furent seulement dactylographiés pour être envoyés aux ministères de la Guerre et des Affaires étrangères et aux services intéressés. Le Bureau d'étude de presse étrangère a gardé dans ses archives une collection complète de ces notes dactylographiées,

1. Il n'est pas inutile d'indiquer ici que les publications, tirées à 500 exemplaires à l'origine, quand elles étaient destinées presque exclusivement aux services de la Guerre et des Affaires étrangères, ont largement dépassé ce chiffre quand il a fallu satisfaire aux demandes des principaux services publics, du Parlement et de la presse. Depuis 1920 elles sont envoyées aux grandes bibliothèques de Paris, aux bibliothèques universitaires, aux bibliothèques municipales des principales villes de France. Avant cette date elles ne l'étaient qu'à un petit nombre seulement. Des collections complètes ou à peu près complètes existent, en tout cas, à la Bibliothèque Nationale, à la Bibliothèque de l'Université de Paris, à la Bibliothèque-Musée de la Guerre.

qui devront être pour l'historien le complément nécessaire du *Bulletin quotidien*. Elles sont classées par ordre chronologique, au nombre de 24.000 environ pour les six ans qui vont du 1er mars 1916 au 1er mars 1922.

Le *Bulletin quotidien* a absorbé le plus gros des anciennes notes dactylographiées. On ne saurait donc lui demander une rigoureuse unité. Les informations les plus diverses y voisinent. On s'est cependant efforcé d'introduire dans leur présentation une certaine méthode. On a dressé une liste de rubriques, correspondant aux questions le plus souvent traitées dans la presse ou aux préoccupations essentielles des divers services. Le plan du Bulletin se présente ainsi presque uniforme : les recherches en sont facilitées. Le classement par rubriques a été préféré au classement par pays parce qu'il permet davantage de suivre les diverses questions, de les éclairer aussi par des informations d'origines diverses.

Nous reproduisons la liste des rubriques telle qu'elle était établie aux environs de l'armistice ; elle est semblable dans ses grandes lignes à celle de 1916 sauf quelques additions et quelques modifications indispensables : c'est ainsi que les questions de nationalités ou touchant le socialisme international, classées d'abord dans la « politique intérieure », ont été placées dans la « politique générale ».

A. Questions Militaires. — 1° Opérations et critique des opérations, armistice ; 2° munitions, matériel, remonte ; 3° questions médicales et sanitaires ; 4° organisation, législation, commandement, démobilisation ; 5° recrutement, effectifs, moral des troupes ; 6° pertes ; 7° prisonniers, internés, sépultures ; 8° espionnage.

B. Questions Économiques. — Situation économique générale : 1° production (agriculture, industrie, mines, monopoles, trusts) ; 2° questions ouvrières (régime du travail, salaires, main-d'œuvre, grèves, locks-out, syndicats, syndicalisme) ; 3° commerce, (octrois, commerce intérieur, douanes, régime douanier, blocus, contrebande) ; 4° communications (transports, chemins de fer, canaux, T. S. F., poste aérienne, navigation, marine marchande) ; 5° finances (crédit, change, banque, monnaie) ; 6° ravitaillement, alimentation, habitation, prix de la vie ; 7° rapports et accords économiques, avenir économique.

C. Politique Générale et Diplomatie. — Généralités sur la politique extérieure, service diplomatique ; 1° origines et responsabilités de la guerre ; 2° rapports entre alliés ; 3° les neutres ; 4° les traités de paix ; 5° nationalités et problèmes ethniques (les nouveaux États, question arménienne, islamisme, question juive, etc.) ; 6° questions américaines (panaméricanisme, l'avenir de l'Amérique, l'Amérique et l'Europe, etc...) ; 7° l'Extrême-Orient (Chine, Japon, Pacifique) ; 8° la catholicité ; la franc-maçonnerie ; 9° le socialisme international.

D. Affaires Intérieures. — (Par pays.) Situation générale, état moral. Partis politiques. Enseignement. Journalisme (renseignements sur les journaux, la censure). Hygiène publique, démographie, criminalité, etc...

E. Propagande. — Informations touchant l'organisation de la propagande ; nouveaux organes ; livres et pamphlets ; conférences, etc...

On notera la variété des questions ici énumérées. On ne saurait affirmer que le *Bulletin quotidien* les ait toujours envisagées toutes. Un grand nombre de renseignements, d'ordre économique notamment, présentaient un trop faible intérêt général pour y être introduits ; on se contenta de les envoyer aux services intéressés. On peut dire que généralement la plus grande place fut laissée à la situation militaire et aux principales questions de politique générale. L'historien de la guerre doit donc envisager le *Bulletin quotidien* non pas comme un répertoire qui prétendrait donner des indications sur tous les articles parus pendant la guerre dans la presse étrangère, mais comme un recueil, comme un choix, de ceux que l'on a cru devoir retenir.

Trois modifications ont été introduites dans la rédaction du *Bulletin quotidien* aux environs de l'armistice :

1° Pendant la guerre, le *Bulletin quotidien* remplaçait dans une certaine mesure les journaux et les agences, privés de relations directes avec certains pays. Il publiait régulièrement d'importantes informations que seule la presse étrangère permettait de connaître. La paix une fois revenue, la censure supprimée, les relations télégraphiques rétablies, le *Bulletin quotidien* put se dispenser de recueillir ce que les journaux français publiaient de leur côté. Il en fut allégé d'autant. Un grand nombre de rubriques devinrent de plus en plus rares. Certaines disparurent tout à fait. On crut pouvoir rendre moins strict le classement des articles et ranger ceux-ci sous des titres assez généraux, mais tirés des événements. On continua de pratiquer le classement par questions, de préférence au classement par presse, le second étant naturellement maintenu dans les *Bulletins périodiques*. La méthode, en somme, restait la même. On modifiait légèrement le plan en transportant les questions militaires et les questions économiques à la suite des questions de politique générale et de politique intérieure, qui remplirent dès lors presque tout le *Bulletin quotidien*. On convenait également d'y placer presque exclusivement des articles d'un caractère général, se rattachant en particulier aux questions et aux discussions internationales, pour laisser aux Bulletins périodiques les articles plus particuliers à un pays ou de caractère plus documentaire.

2° Au *Bulletin quotidien* cessèrent de figurer les presses de tous les pays étudiées par le Bureau. Il fut en principe réservé aux grands pays voisins de la France, à l'Allemagne, à l'Angleterre, à l'Italie, ainsi qu'aux États-Unis qui en formèrent la partie principale, plus rarement à l'Autriche, à la Suisse, aux États Scandinaves, à la Hollande, à la Belgique, à l'Espagne. Mais le Japon, la Chine, l'Amérique du Sud, le Portugal, les Etats de l'Europe Orientale cessèrent d'y figurer, sauf en des cas très particuliers; les motifs de ce changement doivent être trouvés dans la réduction du nombre des collaborateurs du Bureau et dans un élargissement du cadre des *Bulletins périodiques*, qui purent recueillir, pour chacun de ces pays, l'ancienne matière des *Bulletins quotidiens*.

3° A partir du 1er février 1919, le *Bulletin quotidien* publia en principe, au lieu de résumés d'articles (au milieu desquels se trouvaient parfois des passages traduits), des traductions, soit intégrales, soit par extraits. Les articles ou les passages résumés des articles furent imprimés en corps différents. Des points de suspension (cette règle ne fut malheureusement pas strictement appliquée) devaient indiquer dans les traductions les passages supprimés. Le même procédé fut introduit en même temps dans les *Bulletins périodiques*.

II. *Le bulletin périodique*. — Pour compléter et relier entre eux les articles nécessairement fragmentaires du *Bulletin quotidien*, le Bureau d'étude de presse étrangère a commencé, à la même époque, et poursuivi depuis sans interruption la publication d'un *Bulletin périodique*, qui paraît chaque jour (depuis le 1er janvier 1919 irrégulièrement le dimanche et les jours fériés). On compte vingt-cinq séries de *Bulletins périodiques*, chacune possédant son titre et formant une collection numérotée de façon continue. La périodicité — qui n'est pas régulière — varie suivant les séries (les Bulletins allemands par exemple paraissent tous les douze jours environ, les Bulletins chinois tous les deux mois).

Les *Bulletins périodiques* ont pour but de présenter une vue d'ensemble des questions traitées par chaque presse durant la période considérée, de suivre en particulier les mouvements de l'opinion étrangère, tout spécialement par rapport à la politique française. Il a toujours été demandé aux rédacteurs de ces Bulletins d'être absolument objectifs et de donner pour chaque fait ou chaque opinion une référence précise. Un plan clair et bien tracé, des analyses sobres et rappelant brièvement les faits, des citations bien choisies : voilà de quoi doivent être faits les *Bulletins périodiques.*

Nous donnons ici la liste des Bulletins, avec l'indication de la date du premier numéro de chaque série et du nombre de numéros parus le 1er mars 1922, six ans après la création de la collection. Elle comprend les presses suivantes : ALLEMANDE (10 mars 1916 ; 219 numéros ; quelques bulletins sont divisés en 2 numéros. — AMÉRICAINE (16 mars 1916 ; 137 numéros ; quelques bulletins sont divisés en 2 numéros). — ANGLAISE (9 mars 1916 ; 180 numéros ; quelques bulletins sont divisés en 2 numéros). L'étude de la presse *irlandaise* est faite avec celle de la Grande-Bretagne. — AUSTRO-ALLEMANDE (QUESTIONS ÉCONOMIQUES) : série commencée le 5 mars 1916, arrêtée le 11 janvier 1919 avec le n° 57 [1]. — AUTRICHIENNE (12 mars 1916 ; 129 numéros). Jusqu'au 20 avril 1919, n° 78, ce Bulletin eut pour titre : « Bulletin périodique de la presse austro-hongroise de langue allemande » ; des journaux comme le *Pester Lloyd* et l'*Agramer Tagblatt* y étaient utilisés ; à partir du n° 79,

1. A partir du n° 40, 9 novembre 1917, la série parut sous les auspices non seulement des ministères de la Guerre et des Affaires étrangères, mais aussi du Sous-Secrétariat (à partir du n° 41 ministère) du Blocus, Comité (technique) de Restriction des Approvisionnements et du Commerce de l'ennemi. Les Bulletins vinrent s'insérer dans une série de publications de ce Comité et portèrent un second numéro d'ordre. Ils sont consacrés à la situation alimentaire et industrielle de l'Allemagne et de l'Autriche. — Le *Bulletin hebdomadaire du Comité (technique) de Restriction des Approvisionnements et du Commerce de l'ennemi*, au contraire du précédent, n'appartient pas, malgré la ressemblance de sa présentation, aux publications du Bureau d'étude de presse étrangère. Le Sous-Secrétariat du Blocus, devenu le Ministère du Blocus et des Régions libérées, en est seul responsable. On y a groupé des extraits de presse sur les questions économiques les plus diverses et de tous les pays. Le premier fascicule imprimé porte le n° 131, 27 octobre 1917 ; le dernier, le n° 195, 18 janvier 1919.

la série fut consacrée seulement à la presse de l'État autrichien. — Belge (5 mai 1917 ; 45 numéros). Il y a une interruption du 28 janvier 1919 (n° 20) au 1er mai (n° 21). — Bulgare[1] (19 mars 1917, 51 numéros). Il y a une interruption entre le n° 26 (20 mars 1919) et le n° 27 (1er juillet). — Chinoise (12 juin 1917 ; 36 numéros). Il y a une interruption entre le n° 12 (17 août 1918) et le n° 13 (1er décembre) Le n° 2 contient un supplément sur la presse *siamoise*. — Espagnole (14 mars 1916, 82 numéros, les 24 premiers communs aux presses espagnole et portugaise). — Grecque (15 mars 1916, 66 numéros ; dans les 8 premiers la presse roumaine figure à la suite de la presse grecque). — Hollandaise (17 mars 1916 ; 73 numéros). 3 Bulletins sont consacrés aux *Indes néerlandaises* : le n° 51 du 1er juillet au 31 décembre 1919 ; le n° 58 du 1er janvier au 1er août 1920 ; le n° 68 du 1er août 1920 au 15 juillet 1921. — Hongroise (10 mars 1917 ; 58 numéros). Jusqu'au n° 29, 31 décembre 1918, le titre fut : « Bulletin périodique de la presse hongroise de langue magyare ». La presse de langue allemande y fut alors introduite. — Italienne (11 mars 1916 ; 176 numéros). — Japonaise (24 juillet 1917 ; 47 numéros). — Polonaise (7 mars 1916 ; 115 numéros). — Portugaise (14 mars 1916, 65 numéros ; les 24 premiers sont imprimés dans un Bulletin commun « des presses espagnole et portugaise »). — Roumaine (4 avril 1916 ; 38 numéros). Les 7 premiers ont été placés à la suite du Bulletin de la presse grecque. Entre le n° 13 du 12 janvier 1917 et le n° 14 du 28 mai 1919 il y a une interruption de plus de deux ans. — Russe (13 mars 1916, 100 numéros ; quelques bulletins sont divisés en 2 numéros). Plusieurs périodes de la vie politique en Russie, sous le régime bolchevik, n'ont pu être étudiées, faute de journaux. La série est ininterrompue jusqu'au 25 juillet 1918 (n° 74). Pour la fin de l'année 1918, il n'y a rien. Les journaux d'Odessa, de Crimée et quelques journaux de Moscou ont pu être utilisés en 1919 et au début de 1920 : mais les Bulletins (nos 76 à 83) ne se suivent pas régulièrement, et il y a entre eux bien des lacunes : il a été possible cependant d'étudier en deux fascicules (nos 84 et 85) la situation économique de la Russie soviétiste au printemps 1920, d'après l'*Ekonomitcheskaia Jizn* (« La Vie écono-

1. Le Bureau a publié, en collaboration avec le Comité de Restriction du Ministère du Blocus, un *Bulletin périodique des presses bulgare et ottomane* (*questions économiques*) qui n'a eu que deux numéros (5 avril et 2 novembre 1918).

mique ») du 23 mars au 20 mai. A partir de juin 1920, la presse bolcheviste a pu être régulièrement utilisée (nos 86 à 100). — Scandinave (4 mars 1916 ; 122 numéros). On a réuni dans la même série les presses suédoise, norvégienne et danoise, auxquelles est venue s'ajouter à partir de février 1919 (no 63) la presse finlandaise. Le même bulletin étudiait d'abord un ou deux de ces pays, quelquefois les trois, chacune des parties restant bien distinctes, et gardant son sommaire spécial. A partir du no 63 la Suède et la Finlande ont été réunies dans un même fascicule ; la Norvège et le Danemark l'ont été de leur côté. Une note sur la presse *islandaise* en 1920 a paru dans le no 104. — Sud-Américaine (6 mars 1916 ; 78 numéros). Cette série est commune à toutes les Républiques de l'Amérique du Sud, auxquelles on a joint celles de l'Amérique Centrale et le Mexique. Un grand nombre de rubriques y sont communes à plusieurs républiques, en particulier celles qui concernent le panaméricanisme, l'émigration européenne, la propagande allemande. Mais les principales questions particulières à chaque État sont traitées à part : le Brésil, l'Argentine, le Chili, le Mexique y occupent la place principale. Les autres États sont moins régulièrement examinés ; on trouvera cependant sur chacun d'eux des informations. La presse brésilienne, depuis le début de 1920, a été séparée des autres presses et fait l'objet de bulletins spéciaux. — Suisse (8 mars 1916 ; 161 numéros). — Tchéco-Slovaque : il n'a paru que 7 numéros de cette série, entre le 13 octobre 1919 et le 7 mars 1920. Cette lacune, la principale de la collection, s'explique par le fait que la « Mission militaire française auprès de la République Tchéco-Slovaque » n'a cessé de publier des bulletins quotidiens de presse et un bulletin mensuel, qui formaient un ensemble excellent. — Turque (7 février 1920 ; 19 numéros). Ce bulletin, depuis le no 11, est divisé en deux parties, l'une consacrée à la presse de Constantinople, l'autre à la presse d'Angora. — Yougo-Slave (4 juin 1919 ; 29 numéros)[1].

Le *Bulletin périodique*, pour être justement considéré, ne doit point l'être isolément mais dans l'ensemble de ses séries. Il forme, sur six années de l'histoire la plus touffue, la plus complexe, une

1. Cette liste des *Bulletins périodiques* est aussi celle des pays dont la presse est régulièrement étudiée au Bureau. On y pourra assurément relever quelques lacunes : la presse anglaise des Dominions, les presses indigènes de l'Inde, les diverses presses musulmanes autres que la presse turque, la presse sioniste et hébraïque, la presse arménienne...

collection de faits et de textes — documents ou commentaires — réunis non pas à l'état brut, après un rapide classement, comme dans le *Bulletin quotidien,* mais avec un certain recul et après une sérieuse élaboration. 2.000 Bulletins environ ont ainsi paru. Leur cadre même, que l'on a voulu strictement arrêter en n'y faisant entrer que la presse d'un seul pays et pour une période limitée, s'il empêche certains rapprochements suggestifs et interdit d'étudier sous leurs aspects divers certaines questions internationales, offre l'avantage de faciliter les recherches.

Ce cadre est vaste. L'idéal serait qu'y fussent résumées les manifestations de la vie publique et de l'opinion de chaque nation. En fait, les conditions hâtives de la rédaction, le manque de place, le caractère trop souvent fragmentaire ou imprécis des informations de presse, le désir de ne pas noyer l'essentiel dans une mer de détails font que le plus souvent on ne retient que ce qui paraît le plus important ou le plus nouveau pour un esprit français. La place la plus importante y est toujours réservée aux questions de politique intérieure et internationale. La vie économique des divers pays y est rarement présentée en détail : le Bureau n'est pas outillé pour traduire de longs articles techniques ou documentaires ; au reste, il ne dépouille pas les revues spéciales. Il se contente de puiser dans la grande presse les articles qui exposent la *politique économique* d'un pays, les conditions générales de la production et des échanges, l'état du marché, le mouvement social enfin. Les Bulletins ne sauraient reproduire, sans les avoir contrôlées, les statistiques qui encombrent les colonnes de certains journaux ; ils n'en donnent que l'essentiel. Au reste, il existe d'autres organismes occupés au travail indispensable de documentation économique. L'historien qui utilisera les publications du Bureau d'étude de presse étrangère ne devra pas oublier que la documentation politique est son principal objet.

S'il y a entre les *Bulletins périodiques* unité de méthode, il n'y a pas uniformité. Le plan comme les dimensions diffèrent de l'un à l'autre. On ne peut présenter de la même manière le dépouillement de presses riches, bien outillées, à l'affût des informations les plus récentes, comme les presses anglo-saxonnes par exemple, et celui de presses pauvres, étroitement attachées à des considérations locales et défendant péniblement la cause ou les intérêts de leur pays, comme certaines presses orientales. Pour les premières, c'est la surabondance de faits, le foisonnement d'opinions contradictoires et la confusion qui sont à craindre, et le premier soin doit être de choisir; pour les secondes, la difficulté est souvent de trouver des faits précis qui puissent constituer une armature solide à un exposé ordonné. Dans l'un et l'autre cas, et pour des raisons opposées, la rédaction d'un bulletin nécessitera un effort de compréhension et de coordination des éléments bruts que la presse nous apporte et supposera, avec la connaissance sérieuse du pays étudié, l'art d'écarter l'écran artificiel que les journaux interposent souvent entre la réalité et nous. Et ce travail, pour rester objectif, doit s'appuyer constamment sur les textes eux-mêmes.

On a été ainsi peu à peu conduit à donner au *Bulletin périodique* un caractère de plus en plus documentaire et à apporter certaines modifications dans son économie qui sont à rapprocher de celles qui furent introduites à la même époque (début 1919) dans le *Bulletin quotidien*. On retiendra les trois suivantes :

1° On n'avait jamais manqué d'introduire dans les *Bulletins périodiques* la traduction des textes les plus importants, mais l'analyse y était plutôt de règle, ce qu'expliquait le format limité de chaque fascicule. Les traductions devinrent plus nombreuses et on les distingua typographiquement du corps même du Bulletin.

2° Le nombre de pages, jusque-là de 4, 6 et 8, fut augmenté. Pour qu'ils ne fussent pas composés de plus de 16 pages, limite rarement dépassée, on fut amené fréquemment à dédoubler certains bulletins (allemands, américains, anglais, russes). On multiplia les titres et on allongea d'autant les sommaires. A partir du 1er janvier 1921 les *Bulletins périodiques* furent imprimés sur deux colonnes au lieu de trois.

3° Pour un certain nombre de pays, l'Allemagne, l'Angleterre, les États-Unis, l'Autriche, l'Espagne, l'Italie, on plaça, en tête des bulletins, des éphémérides, qui rendent plus facile l'exposé et constituent un instrument de travail de consultation aisée.

III. *LE RECUEIL DE DOCUMENTS ÉTRANGERS.*— Les Bulletins paraissaient déjà depuis près de deux ans quand on les compléta par une troisième publication qui reçut le nom de *Recueil de Documents étrangers*, « supplément périodique aux bulletins de presse étrangère ». Le format limité de ceux-ci empêchait qu'on y publiât la traduction de textes d'une certaine étendue que la presse fournissait. On avait fait remarquer à plusieurs reprises, à la Chambre des députés notamment, que pour beaucoup de documents étrangers de première importance on ne disposait que des traductions incomplètes, souvent hâtives et erronées, que transmettaient les agences. Il parut utile d'en assurer régulièrement des traductions intégrales et authentiques, d'après les textes les meilleurs, que l'on réunirait en une publication spéciale qui en faciliterait l'usage.

Du 1er janvier 1918 au 1er janvier 1922, en quatre ans, 100 fascicules ont paru, d'étendue inégale et sans périodicité régulière; pour chaque année, ils sont réunis par une pagination continue et forment un volume terminé par une table où est adopté le classement par pays (fasc. nos 24, 60, 80, 100).

Les documents sont traduits intégralement (très exceptionnellement résumés) sur le texte même choisi comme le plus complet ou le plus sûr. Aucun commentaire ne les accompagne, mais seulement quelques sobres indications sur les circonstances qui les expliquent et quelques références aux *Bulletins périodiques*.

Le plus gros du *Recueil* est formé par les discours des hommes d'État étrangers. Ils avaient pris l'habitude pendant la guerre, et ils l'ont gardée depuis, de s'interpeller et de se répondre de Parlement à Parlement : c'est là un des éléments de ce qu'on a appelé la « diplomatie publique ». L'histoire diplomatique de ces dernières années sera faite pour le moins autant à l'aide de ces manifestations publiques que sur les dossiers des chancelleries. Sous ce rapport, le *Recueil de Documents étrangers* fournira une base de recherche assez complète et d'un maniement commode. Nous signalons, à titre d'exemple, qu'on y trouvera l'ensemble des messages et discours du Président Wilson, si importants pour l'histoire des négociations de paix, et les principaux discours prononcés par M. Lloyd George, soit au Parlement, soit hors du Parlement, sur les grandes questions extérieures. La plupart des chefs de gouvernement et de parti sont d'ailleurs représentés dans le *Recueil* par leurs plus marquantes interventions. Le *Recueil* a publié, en outre, un nombre considérable de documents isolés, touchant aux problèmes les plus divers et provenant de sources très variées. Pour donner une idée de leur caractère, nous citerons : les constitutions allemandes (y compris les principaux projets qui ont précédé le texte voté à Weimar), les manifestes des partis républicain et démocrate lors de l'élection à la présidence des Etats-Unis (1920) ; le rapport du général américain Allen sur les troupes françaises de couleur en Rhénanie ; le compte rendu de lord Milner sur la conférence de Doullens, le 25 mars 1918 ; le traité sino-allemand de 1921.

Enfin, certains fascicules du *Recueil* sont constitués par un ensemble de documents relatifs à une seule question : ainsi les différents projets et mémoires élaborés en Allemagne au début de 1919 sur la socialisation (n° 43) ; la question juive à l'époque des négociations de paix (n° 46) ; les débats (en 1919) de la sous-commission d'enquête parlementaire allemande sur les responsabilités de la prolongation de la guerre à la fin de 1916 (n°s 64 et 65) ; la question d'Irlande de 1917 à 1920 (n°s 71 et 72) et en 1921 (n° 98) ; la Conférence Impériale de Londres en 1921 (n° 96) ; plusieurs fascicules sur la Russie bolcheviste : armée rouge (n° 47), congrès communistes panrusses, nationalités en 1921 (n° 89), etc.

IV. *RÉPERTOIRES DES JOURNAUX ET DES PARTIS.* — Deux *Répertoires des journaux et périodiques utilisés dans les Bulletins de presse étrangère* ont été publiés pendant la guerre par le Bureau d'étude de la presse étrangère.

Le premier a paru en août 1916. Il contient une liste de 435 organes, avec une note sur chacun d'eux indiquant les noms des propriétaires, directeurs et collaborateurs principaux et les tendances politiques.

Le deuxième répertoire, paru en février 1918 (mais arrêté au 1er novembre 1917), constitue une édition revue et augmentée du premier. Il porte sur 798 organes ; les précédentes notices ont été étendues et complétées dans la plupart des cas. En outre, la presse de chaque pays, ses méthodes, son influence dans les affaires publiques et sur l'opinion font l'objet de brefs aperçus d'ensemble. Il est à peine besoin de signaler que cette deuxième édition a été, comme la première, établie du point de vue de la guerre, et que de nombreux correctifs devraient être apportés aujourd'hui aux indications qu'elle renferme. En particulier, les tendances politiques des journaux étaient appréciées surtout relativement à l'attitude prise envers la cause des Alliés.

D'autre part, en janvier 1917, a été publié un *Répertoire des partis politiques des pays dont la presse est étudiée dans les*

Bulletins de presse étrangère. Les pays suivants y étaient représentés : Allemagne, Autriche, Danemark, Espagne, États-Unis, Grande-Bretagne, Grèce, Hollande, Hongrie, Italie, Norvège, Pologne, Portugal, Roumanie, Russie, Suède, Suisse. Pour chaque pays, tous les partis ou groupements de quelque importance sont l'objet de notices qui indiquent leurs tendances politiques, économiques ou sociales et fournissent un court historique de leur fondation et de leur évolution, ainsi que les noms de leurs principaux leaders et les organes qu'ils possèdent dans la presse. Plus encore que le *Répertoire des journaux*, le *Répertoire des partis* demanderait de sérieuses revisions. Tel quel, il fournit encore pour certains pays une introduction commode à l'étude de la presse.

Les diverses publications que nous venons de décrire forment un ensemble. L'historien assurément n'y trouvera pas tout ce qu'il cherche, et nous avons dit pourquoi en cette matière on ne pouvait être complet. Les Bulletins n'ont été conçus que pour l'information du moment : la méthode même de leur rédaction fait d'eux cependant un instrument de travail que chacun pourra adapter à ses recherches [1]. L'historien aura intérêt à consulter d'abord les *Bulletins périodiques* qui, pour chaque pays, lui offriront un fil conducteur, lui permettront de remonter de proche en proche aux faits, aux textes qui l'intéressent, le renverront par des références précises au *Bulletin quotidien* dont ils reprennent et brassent ensemble les éléments.

Le caractère méthodique que gardent, en dépit de beaucoup d'imperfections trop réelles, les publications du Bureau d'étude de presse étrangère leur a assuré une place particulière dans l'ensemble des entreprises de documentation — éphémères ou durables, publiques ou privées — que la guerre et l'après-guerre ont fait surgir. Il était naturel que l'on songeât à en assurer le maintien. Le 21 janvier 1919, M. André Honnorat et un certain nombre de ses collègues de la Chambre des Députés déposaient

1. On a songé à plusieurs reprises à publier une table des Bulletins. Pour diverses raisons, ce projet, qui aurait grandement facilité les recherches dans les collections, n'a pas abouti. Pour l'année 1920 seulement il existe pour la plupart des périodiques une table analytique sommaire. On a essayé de suppléer à l'absence de table par des sommaires de plus en plus détaillés.

une proposition de loi (n° 5581) « ayant pour objet la création d'un service d'étude de presse étrangère au Ministère des Affaires étrangères ».

Dans l'organisation, souvent discutée, des services d'information, on n'a pas manqué de faire au Bureau d'étude de presse étrangère une place importante. Il suffira à cet égard de lire les pages que lui ont consacrées les rapporteurs du budget des Affaires étrangères devant la Chambre des Députés : M. Raiberti (budget 1918, document n° 4108, pages 78 et suivantes) indiquait qu'il devait constituer « la partie centrale de l'organisation. Il serait le trait d'union entre les deux services de réception et d'émission qui sont le plus directement en contact avec l'étranger ». Il insistait, dans son rapport pour 1919 (document n° 6339, page 177), pour que la section d'étude de presse étrangère, dont le personnel était encore militaire, devînt un « organe permanent ». M. Noblemaire, à son tour, dans ses rapports pour 1920 (document n° 802, p. 290), pour 1921 (document n° 2020, pages 150 et 234), pour 1922 (document n° 3131), soulignait plus particulièrement, et en termes heureux, ce qui fait la valeur durable des Bulletins et ce que l'histoire en pourra tirer : « Le Bulletin quotidien et la synthèse faite périodiquement pour chaque pays donnent un tableau précis et documenté de la vie politique des États étrangers et reflètent fidèlement les mouvements d'opinion qui accompagnent les grands événements d'ordre international... Dans un pays comme le nôtre, où ne se publient guère ces encyclopédies annuelles, ces revues de la vie internationale, dont l'Allemagne par exemple est si fertile, le Bulletin de la presse étrangère offrira des éphémérides de l'histoire de chaque pays qui faciliteront bien des recherches et épargneront bien des erreurs. »

JULIEN CAIN.

LES

DOCUMENTS CARTOGRAPHIQUES SUR LA GUERRE

Il est impossible d'étudier l'histoire de la guerre, dans ses différentes manifestations militaires, marines, politiques ou économiques, sans avoir à sa disposition des cartes. Combien de fois a-t-on vu dans les communiqués des noms que personne ne connaissait : Bois Sabot, Labyrinthe, etc., que de fois trouvera-t-on dans les dépêches du Maréchal Haig des lieux cités : The Bluff, The Hohenzollern Redoubt, etc., dont l'emplacement n'est connu que des quelques privilégiés qui s'y sont battus. Pour se reconnaître au milieu de tous ces noms, pour suivre facilement les opérations des armées, il est nécessaire de posséder des cartes auxquelles on pourra se reporter chaque fois que cela sera nécessaire.

Dans cette notice, nous avons l'intention de signaler les différentes cartes qui doivent servir de sources à tous ceux qui ont l'intention d'étudier l'histoire de cette guerre. L'énumération sera incomplète, il ne peut en être autrement; il y eut, pendant ces quatre ans, une débauche de travaux géographiques exécutés au profit des différentes armées, de plus il n'existe pas à notre connaissance d'endroit où la collection des cartes, plans directeurs, atlas publiés soit à peu près complète. Par conséquent il ne serait pas étonnant que différents documents nous aient échappé: mais s'il y en a, ils rentreraient dans une des catégories que nous allons examiner, et il serait facile par rapprochement de savoir de quelle utilité ils seraient pour l'historien qui étudierait une période de cette guerre.

Suivant le but que se proposera le chercheur, trois catégories de cartes peuvent lui être utiles : cartes stratégiques à petite échelle 1 : 2.000.000 à 1 : 200.000 ; cartes tactiques à grande échelle 1 : 100.000 à 1 : 50.000 ; cartes techniques ou plans directeurs à l'échelle du 1 : 20.000, du 1 : 10.000 ou du 1 : 5.000.

Les cartes stratégiques seront utiles pour tous ceux qui voudront étudier la marche générale des opérations, la manœuvre de l'Armée Française à la Marne et dans la course à la Mer, les batailles de Mazurie et de Galicie, l'invasion de la Roumanie, etc. Les grandes routes de marche sont indiquées, les voies ferrées sont représentées, le relief est figuré en général par des hachures. Mais il n'y a pas de détails. De telles cartes donnent une excellente idée générale de vastes étendues, elles servent pour étudier le mouvement de masses.

Dans cette série, nous trouverons pour le front français :

La carte dite du Dépôt des Fortifications au 1 : 500.000 en quatre couleurs, le terrain est représenté par une teinte bistre. Il existe une édition spéciale faite pour le front, d'un maniement facile, comprenant 15 feuilles, et munie d'un répertoire alphabétique des noms portés sur la carte.

La carte au 1 : 320.000, en noir et hachures qui donne le front occidental complet en 10 feuilles.

Les cartes au 1 : 200.000 dont le service géographique a publié deux éditions. La plus ancienne, datant d'avant 1912, représente les villes et les villages par des signes, les bois et les forêts ne sont pas toujours limités par un trait net ; la seconde édition, appelée *carte de France et des Frontières*, est beaucoup plus précise. Les villes, villages sont indiqués avec leur forme exacte ; il en est de même pour les bois, dont les contours même sinueux, sont reportés exactement. Les lieux-dits, les petits hameaux qui n'étaient pas sur la première édition y sont portés. Bien que très complète, cette carte est très lisible et très claire, elle est en couleurs, le nivellement marqué par des courbes apparaît de suite. Mais tout le front n'existe pas dans cette édition, il n'a paru que les cartes concernant les régions à l'est et au nord de la ligne Gand, Laon, Ervy, Chaumont, Langres, Besançon.

Nous citerons pour mémoire une carte allemande au 1 : 500.000 du front occidental, qui est loin de valoir cette carte française au 1 : 200.000.

Pour les campagnes sur les fronts orientaux : russe, roumain et balkanique, nous avons une *carte au 1 : 1.000.000* éditée par le Service Géographique. Cette édition est en couleurs, le terrain est représenté par des petites hachures. Pour les Balkans il y a *un croquis* hypsométrique en couleurs au *1 : 500.000*. Les courbes de niveau sont à des intervalles variables et assez grands ; mais elle est très agréable à consulter pour le relief, très incomplète pour les noms de lieux. Le gouvernement serbe avait une *carte au 1 : 750.000* en couleurs, le nivellement étant représenté par des hachures, très ennuyeuse à lire pour des Français par suite de l'emploi de l'alphabet serbe dans les noms de lieux.

Mais on trouvera pour remédier à cette difficulté, des *cartes éditées par l'Institut Militaire Géographique Impérial et Royal d'Autriche-Hongrie* pour toutes les régions orientales : *Serbie, Bulgarie, Roumanie, Russie*. Elles sont à l'échelle du 1 : 750.000 en couleurs et en hachures. Elles sont très lisibles et peuvent rendre de réels services.

Une autre carte, aussi bonne pour les régions du front oriental allemand au sud de Pinsk, avait été dressée, elle est au 1 : 400.000, en couleurs et en courbes.

Citons encore pour le front italien : une carte de l'Institut Géographique Austro-Hongrois dite de l'*Europe Centrale au 1 : 200.000* en hachures et en couleurs, très agréable à lire et très complète, et une carte publiée par le *Touring Club Italien* à l'Institut Agostini au *1 : 250.000*. Cette carte qui dépasse les frontières de l'Italie est en couleurs, le figuré du terrain est représenté par des hachures.

Le Service Géographique anglais a publié sur les *Balkans et la Turquie* une carte en couleurs au *1 : 250.000*, et a continué la publication de feuilles de *l'Europe au 1 : 1.000.000* suivant les décisions prises pour la carte internationale du monde.

Pour les expéditions coloniales on pourra consulter *les cartes du Service Géographique Anglais* au *1 : 100.000 et 1 : 300.000* pour *l'Est Africain Allemand* ; *1 : 2.000.000* pour *l'Est Africain Allemand*, pour le *Togo* et le *Cameroun*.

***

A côté de ces documents servant surtout aux études stratégiques, on peut avoir besoin de cartes pour des travaux intéressant plutôt la tactique. Il ne s'agit plus d'étudier des armées ou des groupes d'armées, mais plus simplement une armée ou un corps d'armée. Elles sont indispensables pour étudier les opérations qui se sont déroulées pendant un court laps de temps et sur un espace mesuré. Elles donnent une physionomie générale du champ de bataille que l'on peut avoir d'un seul coup d'œil. Pour en montrer toute l'importance, nous pouvons dire que c'est avec des cartes de ce genre que les armées belligérantes sont entrées en campagne.

En France, nous possédions la *carte d'État-Major* au *1 : 80.000* qui nous semble suffisamment connue pour que nous n'y insistions pas.

Le Geographical Survey a publié une *carte au 1 : 100.000* des régions où les Britanniques pouvaient avoir à combattre. Cette carte est très agréable à lire, elle est en cinq couleurs, en courbes. Les éditions mises en service pendant la guerre étaient réservées pour l'emploi officiel. Les renseignements sont, pour la plupart, empruntés aux cartes belges et françaises.

Pour la Belgique, il existe une *carte au 1 : 40.000* en noir, excellente pour toutes les opérations de la région de l'Yser. Une édition en couleurs existe à cettte échelle.

Le gouvernement allemand mettait, à la disposition de ses armées, une copie de notre 1 : 80.000 qui ne présentait qu'une seule différence, peu importante pour ceux qui étudieront la guerre : à côté du nom de chaque localité se trouvait inscrit le chiffre de sa population.

La *carte d'État-Major de l'empire Allemand au 1 : 100.000* est en noir, le figuré du terrain est en hachures. Cette carte est, pour certaines éditions, très lisible, elle déborde un peu la frontière. La *carte au 1 : 25.000* est aussi en noir, mais le nivellement est marqué par des courbes. Dans ces deux cartes, les bois et forêts sont représentés par des signes conventionnels distincts suivant les différentes espèces arborescentes.

Les Allemands avaient reproduit, pour leur usage, les cartes de Russie au 1 : 126.000, celles-ci seront très utiles pour les lecteurs français, les noms y étant inscrits en allemand ou en caractères romains et non en caractères russes.

Les Autrichiens avaient une *carte dressée par le service impérial et royal à l'échelle du 1 : 75.000*. Cette carte est en noir et en hachures, elle est assez lisible. Ils avaient imprimé une carte des Balkans, de la Roumanie et des régions sud de la Pologne à la même échelle et faisant suite à la précédente. Les noms portés sur ces différentes cartes sont écrits en caractères romains, mais souvent avec la forme slave ou magyare. Ce sont des reproductions de ces documents qui ont été utilisées par nos troupes au cours de la campagne de Macédoine ou de Serbie.

Pour le front russe, il existe la *carte d'État-Major au 1 : 126.000* dont la lecture ne nous est guère facile, étant donné l'emploi de la langue et des caractères russes. Aussi conseillons-nous plutôt, pour l'étude des opérations de Mazurie, de Pologne ou de Galicie, la carte allemande dont nous avons parlé ci-dessus.

Cependant il existe une édition française au *1 : 100.000* des régions polono-tchéko-slovaque qui peut rendre de précieux services.

Enfin pour le front italien, la meilleure *carte* à consulter est celle publiée par l'*Institut Géographique Militaire* à l'échelle du *1 : 100.000*. Elle est en noir, le relief est figuré par des courbes et des hachures. Certaines éditions ont les principales routes marquées en rouge, et par suite peuvent être fort utiles pour suivre les opérations qui se sont déroulées dans des pays de montagne, ce qui fut le cas de presque tous les engagements sur le front italien.

Nous avons classé les documents officiels en trois catégories ; la troisième est celle des PLANS DIRECTEURS, des cartes techniques. Il n'y a guère qu'à l'aide de ces plans que l'on peut étudier le détail des événements des périodes de guerre stabilisée. Toutes les armées belligérantes ont eu à leur disposition des plans directeurs à différentes échelles : au 1 : 20.000, très pratique et très répandue, au 1 : 10.000 et au 1 : 5.000.

La quantité de plans directeurs édités pendant la guerre est énorme. Le Service Géographique de l'Armée a imprimé, pour sa part, 500 plans différents au 1 : 20.000, 350 au 1 : 10.000, et 400 au

5.000. Si l'on veut bien se rendre compte que les Allemands en ont fait autant de leur côté, que les Anglais et les Belges avaient établi des plans pour les régions où ils combattaient, qu'en Orient les troupes serbes, françaises, grecques, etc., disposaient aussi de plans sommaires, que les Roumains enfin avaient aussi des cartes techniques de ce genre, on constatera qu'il y en a un très grand nombre.

Dans l'ensemble tous ces plans directeurs se ressemblent, ils sont en noir, le nivellement est marqué par des courbes bistres, parfois comme dans certaines éditions roumaines par des hachures et des courbes en noir, quelques plans portent les principales rivières en bleu, les bois et les forêts en vert. Mais ce sont des exceptions. Le plan directeur est en effet destiné à être surchargé par tous les signes représentant les différentes manifestations de l'activité des belligérants : tranchées, batteries, chemins de fer, hôpitaux, dépôts, etc., il est donc nécessaire que le fond, tout en étant complet, soit simple et permette la surcharge de couleurs.

C'est dans ces plans que l'on trouvera trace de tous les noms qui ont illustré pendant trois ans et demi la monotonie des communiqués; c'est là que l'on verra ces désignations alphabétiques ou numériques si employées pendant la guerre : T^2 V^4 par exemple ou les coordonnées de certains points. Ces coordonnées sont données par un carroyage kilométrique que possèdent presque tous les plans directeurs. Les carroyages des premiers plans anglais ne correspondaient pas à nos carroyages kilométriques, ils étaient en yards, mais cette indication étant portée sur chaque plan il est facile de connaître la nature et la valeur des carrés tracés sur ces cartes.

Les plans directeurs peuvent se diviser en deux grandes catégories suivant qu'ils portent ou non les organisations des deux adversaires ou d'un seul. Ce qui se faisait en France se faisait de manière identique dans les autres armées. Les plans mis en service dans les unités de corps de troupe ne comprenaient, en général, que les organisations ennemies à l'exclusion de toute position alliée, seul le trait de la première ligne était reporté. Les plans distribués dans les États-Majors comprenaient les organisations allemandes et françaises.

Sur le front français quelques plans existèrent dès 1914. Il fallut attendre janvier 1915 pour que la mesure fût généralisée dans toutes nos armées. A partir de ce moment, des éditions successives, apprirent aux exécutants et aux États-Majors les modifications qui avaient été apportées aux organisations. Les premiers plans directeurs montrent de simples lignes éparses, les derniers sont couverts d'un lacis de tranchées, d'une nuée de réseaux de fil de fer rouges ou bleus.

Nous ne pouvons quitter toutes ces cartes officielles sans signaler les éditions nombreuses qui ont pu être faites sur un même fond ; des surcharges de toutes sortes y apparaissent. Nous allons présenter quelques cas, mais ce n'est pas une liste limitative que nous donnons, il y a certainement des cartes et des plans qui ont été imprimés que nous ne connaissons pas et qui cependant seraient d'une aide inappréciable. Contentons-nous de citer.

On trouvera par exemple des fonds de cartes au 1 : 600.000 portant pour des périodes quotidiennes ou bi-quotidiennes les emplacements de toutes les divisions allemandes en ligne ou en réserve sur le front occidental, on aura d'autres cartes donnant les mêmes renseignements pour nos troupes. On aura des fonds au 1 : 80.000 sur lesquels auront été reportées les avances de nos armées lors de la course à la victoire.

On pourra mettre la main sur des plans directeurs marquant par des signes distincts les points sensibles de l'ennemi, c'est-à-dire les endroits de passage obligés, les postes de commandement, les zones d'abris, etc., en un mot tous les points sur lesquels le tir de notre artillerie produirait de redoutables effets. On trouvera des plans directeurs édités au jour le jour lors d'une grande opération, comme celle de la Malmaison en octobre 1917, sur lesquels seront reportées les destructions déjà effectuées.

A ces cartes nous rattacherons la *carte des régions dévastées* françaises publiée par le Service Géographique qui donne sur un fond au 1 : 50.000 en noir, la zone rouge de l'ancien front : villages détruits, voies ferrées nouvelles, routes impraticables, etc.

Enfin n'oublions pas de citer les plans directeurs et les cartes en relief. Le Service Géographique a dressé au cours de la guerre le front français à l'échelle du 1 : 20.000. Il existe aussi à de petites échelles le front italien, le front balkanique, et la région du front occidental. La consultation de ces documents n'est pas toujours très aisée et nous les signalons plutôt pour mémoire, leur utilité ne s'impose à notre avis que pour des études plus spéciales qui tiendraient plus de la géographie ou de l'art militaire que de l'histoire. Mais il est bon de savoir que ces collections existent.

En dehors des cartes officielles que nous venons d'examiner, il y a peu de documents cartographiques qui puissent être utilisés avec profit par les historiens de la guerre. Les publications de toutes nationalités publiées pendant la guerre pour les besoins d'un public avide de nouvelles sont très inférieures : les atlas de guerre du « Journal de Genève », du « Pays de France », du « Daily Telegraph », de la « Düsseldorfer Zeitung », etc., ne sont dignes ni d'être considérés comme une œuvre géographique sérieuse, ni comme un document militaire de valeur. Il en serait de même de l'atlas du Musée de l'Armée, et même d'un recueil du Grand État-Major allemand intitulé : « Militär-Geographische Beschreibung », édité à Berlin en 1915 et dont le caractère « secret » trompe à première vue.

Nous aurons à signaler une collection de cartes hebdomadaires, donnant les fronts allemands au cours de la campagne : *Militärische Ereignisse im Volkes Kriege* et qui a été publiée en sept portefeuilles.

Le front italien a été l'objet de plus nombreuses études. Nos alliés ont mis en œuvre toutes leurs ressources pour les besoins d'une propagande active ; si certaines brochures ne valent rien, il faut citer par contre le splendide *Atlante della nostra Guerra*, édité par Agostini, deux autres brochures sur la Dalmatie et la Vénétie Julienne du même Institut géographique, qui possèdent d'excellentes cartes orographiques, des cartes de population et de géographie économique. Citons aussi pour le front italien les dix petits albums du *Panorami della Guerra* édités à Milan et qui joignent, à dix cartes du front en couleurs et en courbes, des photographies panoramiques de toute beauté.

Pour le front sibérien, où des opérations eurent lieu en 1919 entre les bolchevistes et les Tchéko-Slovaques, on pourra consulter avec profit « *le Schéma Historique pour les opérations tchéko-slovaques en 1918-1919* » avec les fronts portés à différentes dates. Il n'y a aucun relief. Leur usage est difficile, car cet atlas est en langue tchèque.

Pour le front polonais on pourra consulter avec fruit l'*Atlas de l'Encyclopédie Polonaise*, Fribourg, Suisse. Le tome II consacré à la Pologne historique rendra de réels services.

Pour toutes les régions de Silésie, de la Sarre, de Russie, même d'Asie Mineure où des problèmes étaient à résoudre en vue de la paix, les *Travaux du Comité d'Études* publiés à Paris en 1918-1919 donneront des cartes excellentes. Il ne faut pas oublier les notices du Service Géographique de l'Armée dans lesquelles des cartes dressées en particulier par M. de Martonne seront d'un utile secours.

Il y a lieu de remarquer qu'un certain nombre de *mémoires* ou de *journaux* écrits par des acteurs de la guerre contiennent des cartes. La marche de l'armée von Klück peut être suivie facilement dans les cartes incluses dans l'ouvrage de ce général; le maréchal Haig joint à ses dépêches des cartes ou des croquis fort bien faits. Le rapport du maréchal Pétain sur les opérations des campagnes défensive et offensive de 1918 contient un grand nombre de cartes et de croquis très précis, établis par le Service Géographique de l'Armée d'après les indications du Service Historique.

A ce point de vue, il nous semble nécessaire de signaler les cartes et croquis qui figureront dans le précis d'ensemble, traitant les opérations des armées françaises, rédigé par le Service Historique de l'Armée. Cette publication de grande valeur fournira des documents très utiles. La rédaction en étant très avancée, il faut espérer que des questions de crédit ne retarderont pas son apparition.

***

Nous n'avons pas parlé des cartes marines, elles peuvent être à consulter pour les opérations sur mer et pour étudier la campagne sous-marine. Nous signalerons à cet égard que les Allemands ont publié un assez grand nombre de cartes, toutes destinées à exalter la confiance patriotique dans l'issue victorieuse de la guerre, grâce à la lutte sous-marine.

Les meilleures cartes à utiliser sont celles de l'Amirauté Britannique, puis celles du service hydrographique de la marine.

⁂

Nous voici arrivés à la fin de notre étude, nous répéterons qu'elle est incomplète, nous ne pouvions songer, dans une notice de ce genre, à donner plus de détails, à envisager plus de cartes. Que ceux qui étudient la guerre, voient tout d'abord ce qu'ils ont l'intention de traiter : stratégie, tactique, opérations de détails ; groupes d'armées, armées, divisions, la carte correspondante s'imposera à eux.

Où pourront-ils trouver ces cartes? dans toutes les grandes bibliothèques où existent des collections cartographiques ; ces plans directeurs ? peut-être à la Bibliothèque Nationale, peut-être au Musée de la Guerre, peut-être au Musée de l'Armée, au Service Géographique, etc. Mais nous croyons qu'il leur sera difficile de trouver la collection complète, si ce n'est au Service Géographique.

Capitaine R. VILLATE.

REVUES CRITIQUES

LES ORIGINES ET LES RESPONSABILITÉS DE LA GUERRE

D'APRÈS MM. É. BOURGEOIS ET G. PAGÈS

Le nom seul des auteurs, MM. Bourgeois et Pagès, recommanderait ce livre sur les *Origines et les responsabilités de la grande guerre*[1]. L'un et l'autre font autorité en matière d'histoire et de politique étrangère; une question qu'ils étudient est étudiée à fond et sérieusement. Le sous titre : *Preuves* et *aveux* annonce tout de suite une documentation riche et précise. L'ouvrage n'est pas un recueil de textes, mais on n'y avance rien qui ne soit appuyé sur un texte, et une analyse n'en serait forcément qu'un abrégé incomplet ou un décalque incolore. Peut-être en mettra-t-on l'intérêt en relief en indiquant le plan et la méthode des deux auteurs.

A vrai dire, le plan leur a été imposé par les circonstances dans lesquelles ils ont commencé de travailler. On se rappelle qu'à la Conférence de la paix, M. de Brocksdorff-Rantzau crut faire un coup de maître et concilier à son pays les sympathies des alliés en leur présentant un *mémoire justificatif*, un raccourci à la manière allemande des événements qui, au mois de juin et de juillet 1914,

1. Paris, Hachette, 1921, in-8, 499 pages.

ont précédé directement la guerre. M. de Brocksdorff concluait naturellement à un partage des responsabilités. Il croyait habile de fortifier sa thèse en examinant ensuite toute la politique de l'Allemagne dans ses rapports avec la France et avec toutes les puissances belligérantes depuis 1871. Comme pour la période tragique qui a suivi l'assassinat de l'archiduc François-Ferdinand, M. de Brocksdorff justifiait son pays; il reprenait la thèse bien connue de Guillaume II, de M. de Bulow, de Bethmann-Hollweg: la pauvre Allemagne encerclée avait eu le droit et le devoir de se défendre, avec quelle conscience, quel désir de « conserver la paix », tout ce qui s'est passé depuis 1871 en fait foi, et les jeunes générations qui n'ont pas lu les discours menaçants du chancelier de fer ou les harangues de Guillaume II sur la nécessité pour ses soldats de tenir leur poudre sèche pouvaient être impressionnées par les arguments bien ordonnés du diplomate allemand.

Il fallait examiner les textes pour lui répondre. C'est de ce travail, qu'au nom de la Commission sénatoriale d'enquête sur les faits de la guerre M. Paul Doumer pria MM. Bourgeois et Pagès de se charger. Les archives des Affaires étrangères qu'ils ont l'habitude de compulser, et où ils ont été deux des principaux collaborateurs du grand recueil de documents sur les origines de la guerre de 1870-71, leur ont été largement ouvertes; ils y ont puisé les éléments de leur travail, des textes diplomatiques français et allemands qui seraient restés longtemps enfouis dans les archives si la grande catastrophe de 1914 n'avait pas modifié, en bouleversant le monde, même les convenances diplomatiques, même les traditions et les routines des bureaux. Le travail a paru pour la première fois au *Journal Officiel* du 9 janvier 1921, sous la forme modeste d'une annexe, mais d'une de ces annexes plus précieuses pour l'histoire qu'un texte de loi, un décret, ou un arrêté ministériel. Depuis, la publication des documents allemands recueillis par Kautsky, celle des traités politiques secrets de l'ancienne Autriche-Hongrie publiés par Pribram, le témoignagne versé au débat par M. le Président Poincaré dans son livre sur les Origines de la guerre ont permis aux deux auteurs de compléter leur travail et de confirmer leurs conclusions. Les textes étrangers sont en effet en concordance directe avec les textes français.

Le volume publié chez Hachette en 1921 est donc une histoire des origines de la guerre fondée sur les documents officiels des principaux pays belligérants et une réponse précise au mémoire de Brocksdorff-Rantzau. Elle comprend trois parties : la première, rédigée par M. Bourgeois, est, comme dans le mémoire allemand, consacrée à l'étude des origines immédiates du Conflit de 1914 ; la seconde est divisée elle-même en deux sections : M. Pagès a étudié l'histoire de l'hégémonie allemande de 1871 à 1904 tandis que l'exposé des rapports de la Triple Alliance et de la Triple Entente est dû à la plume de M. Bourgeois. Enfin les deux auteurs ont fait suivre leur exposé d'une quatrième partie, qui est un inestimable recueil de documents inédits ; quand nous n'aurions pas l'exposé si probant dans sa simplicité dont on vient d'esquisser le plan, ces 125 pages suffiraient à piquer la curiosité du lecteur, à la satisfaire et à lui faire sentir la sagacité des auteurs, leur aptitude — cette aptitude naturelle que la recherche aiguise et développe — à choisir les textes essentiels qui donnent le sens d'une politique et qui trahissent le caractère d'un homme. Ce sont d'abord des extraits de la correspondance de M. de Saint-Vallier et de M. de Courcel, ambassadeurs de France à Berlin : ils s'étendent sur une période de six années de 1879 à 1885, ils complètent et éclairent le récit de M. Pagès. Puis viennent les dépêches officielles allemandes annotées par Guillaume II ; elles ne sont pas plus probantes que les dépêches des ambassadeurs ; mais par la brutalité savoureuse du texte, elles frappent et instruisent le lecteur le moins averti.

***

Voilà pour le plan. Voici pour la méthode. Tous les belligérants se sont défendus avec la même énergie verbale d'avoir voulu la guerre, et tous l'ont faite jusqu'au jour où les armes sont tombées des mains de l'Autriche qui l'avait déclarée la première à la Serbie et des mains de l'Allemagne qui l'avait déclarée à la Russie le 1er août et le 3 août à la France. M. Bourgeois examine successivement l'attitude des puissances de l'Entente, la France, la Russie, la Serbie, des puissances qui étaient neutres en 1914 : l'Italie, la Roumanie, la Grèce, de l'Angleterre qui joua un rôle de médiatrice jusqu'à l'heure où la violation de la neutralité de la Belgique déchira tous les voiles, enfin celle de l'Autriche et de l'Allemagne.

Chacun des chapitres comporte l'étude exacte des faits, des

citations ou des commentaires de dépêches et de télégrammes; pas de développement inutile, pas de phrases; ce sont les preuves qui emporteront la conviction. Par exemple, pour la France, ce sont les conseils de modération donnés par M. Viviani à M. Vesnitch, le ministre de Serbie, le départ du Président de la République et du Président du Conseil le 11 juillet pour un voyage à Saint-Pétersbourg, décidé depuis longtemps, et pour une visite dans les cours du Nord, qui fut brusquement interrompue à Stockholm le 25 juillet.

Voici, au moment même où Guillaume II quittait en toute hâte la Norvège pour rentrer à Kiel, les efforts tentés par M. Bienvenu-Martin, qui assura l'intérim de M. Viviani jusqu'au 29 juillet, puis par M. Viviani lui-même, à Belgrade, à Vienne, à Berlin, pour calmer les esprits, pour obtenir des uns et des autres les concessions nécessaires, l'adhésion donnée par la France aux projets de médiation de sir Edward Grey, la réserve gardée par son gouvernement dans les tragiques journées du 30 et du 31 juillet, alors que le cliquetis des armes ne faisait que trop redouter l'insuccès des dernières tentatives de pacification, la réponse aussi digne qu'habile de M. Viviani à M. de Schœn, lorsque, dans la soirée du 31 juillet, l'ambassadeur allemand eut l'outrecuidance de demander quelle serait l'attitude de la France en cas de conflit entre l'Allemagne et la Russie, réponse dont la réserve voulue empêcha seule le représentant de Guillaume II d'exiger, au nom de son maître, la remise à l'Allemagne des forteresses de Toul et de Verdun comme gages de la neutralité de la France, l'ordre donné le 30 juillet aux troupes de couverture de se retirer à dix kilomètres de la frontière, la révocation de cet ordre par le général en chef — mais à la date du 2 août, à 17 h. 30 du soir, à la suite des violations du territoire français commises par les Allemands, et encore avec la recommandation formelle de se borner, jusqu'à nouvel avis, à rejeter l'agresseur au delà de la frontière; — autant de décisions et de démarches où l'esprit le plus prévenu ne saurait voir la moindre provocation, à telles enseignes que lorsque, le 3 août, à 18 h. 45, M. de Schoen venait au quai d'Orsay déclarer que l'Empire allemand se considérait en état de guerre avec la France, du fait de cette dernière puissance, il justifiait, d'ordre de son gouvernement, la déclaration de guerre par des actes d'hostilité purement imaginaires qui auraient été commis par des aviateurs français et dont il a lui-même reconnu l'inexactitude après la guerre.

L'exposé de ces faits déjà connus, mais accompagné de justifications précises, fait éclater la vérité avec une telle évidence qu'il faudrait, pour soutenir la thèse contraire, apporter des preuves que l'adversaire n'a jamais fournies — et pour cause — de la duplicité de la France, ou des preuves non moins décisives d'une volonté d'agression chez ses alliés.

Cette volonté d'agression, les Allemands ont cru la trouver dans un fait précis : le Tsar a ordonné la mobilisation générale le 31 juillet et s'est refusé à retirer cet ordre. Malheureusement pour eux, l'attitude du gouvernement russe à la suite de l'attentat de Serajevo fut exactement celle des autres cabinets ; lorsque l'Autriche eut fait remettre à Belgrade un ultimatum, unique peut-être dans l'histoire, avec un délai de quarante-huit heures pour la réponse, il essaya d'une intervention pacifique pour l'adoucissement des conditions imposées par l'Autriche et tout au moins une prolongation de délai. Qui donc, sinon le comte Berchtold, répondit que le seul moyen d'amener une solution pacifique était l'acceptation intégrale des demandes de l'Autriche par la Serbie? Et qui donc encore, sinon le comte Berchtold, signifiait que la communication de la note aux puissances était l'accomplissement d'un devoir de courtoisie internationale et ne constituait, en aucune manière, une invitation à faire connaître leur opinion? Des textes aussi formels et signés ne sont pas moins significatifs que la rupture des négociations qu'ils préparent et qui fut signifiée par l'Autriche le 25 juillet 1914, à dix-huit heures. Et n'est-ce pas encore le comte Berchtold qui, d'ordre impérial, charge le même jour son ambassadeur à Saint-Pétersbourg, le comte Szapary, de sommer la Russie d'avoir à choisir entre la guerre ou l'abandon de la Serbie ?

Cette attitude hautaine n'empêche la Russie ni de conseiller aux ministres serbes de solliciter l'intervention de l'Angleterre, ni de chercher à négocier elle-même, ni de reprendre le 30 juillet des conversations que l'Autriche avait volontairement interrompues, ni d'accepter l'occupation éventuelle de Belgrade par les Autrichiens, si cette concession permettait d'éviter la guerre, et cela le 31 juillet, quelques heures avant la remise d'un ultimatum allemand par le comte de Pourtalès.

La vérité ressort des télégrammes échangés entre Nicolas II et Guillaume II du 27 juillet au 2 août 1914 et dont M. Bourgeois rétablit les dates. Le Livre Blanc allemand les avait interverties pour faire croire que Guillaume II désirait le maintien de la paix, alors que c'est le Tsar qui a essayé d'y intéresser l'Empereur, ou de faire croire que la mobilisation générale allemande a suivi celle de l'armée russe, alors que c'est le contraire qui est la vérité. Une note marginale de Guillaume II nous le montre répondant par un ricanement à la proposition de soumettre le litige à la Conférence de La Haye. Le ton du Tsar est conciliant, celui de l'Empereur est hautain.

Le Tsar sollicite encore et espère l'intervention amicale de l'Empereur, même après la mobilisation générale ; il veut se persuader, parce qu'il est sincère, que la mobilisation n'est pas la guerre et que son correspondant est aussi désireux que lui d'éviter les effusions de sang. Illusion ! C'est un Allemand qui a déclaré que l'Office des Affaires étrangères de Berlin « a déchaîné la guerre en supprimant et falsifiant des documents ».

En fait, M. Bourgeois établit que l'agression de l'Autriche contre la Serbie, son attitude irréconciliable et l'immensité de l'étendue du territoire de l'Empire ont imposé à la Russie une mobilisation de quatre corps d'armée le 25 juillet, — qu'en réponse aux préparatifs de guerre autrichiens, très poussés en Galicie, quatre corps d'armée furent dirigés le 25 vers la frontière autrichienne, — que le ton agressif et menaçant de l'ambassadeur Pourtalès, qui contrastait avec le ton encore doucereux des télégrammes de son maître Guillaume II, entraîna le 29 la mobilisation de treize corps d'armée, — enfin, que, le 31 juillet, Nicolas II ordonna la mobilisation générale, peut-être à l'heure même où était décidée celle de l'armée autrichienne.

Quoi qu'il en soit de ces questions d'heure qu'il est assez malaisé, malgré les apparences, d'établir avec précision, l'impréparation de la Russie, l'accent des télégrammes de Nicolas II si différent de celui de Guillaume II, les précautions prises par les rédacteurs du Livre Blanc allemand d'en supprimer quelques-uns et d'en changer les dates constituent des témoignages plus décisifs que des commentaires et montrent la méthode de M. Émile Bourgeois.

Des documents déjà en partie connus, tels que le texte même de l'ultimatum autrichien et la réponse du gouvernement serbe qui l'accepta presque en son entier, permettent à l'auteur de démontrer d'une façon irréfutable l'esprit de conciliation et la bonne volonté de ce gouvernement à la fois si patriote et si sage que Guillaume II qualifiait dans une note marginale du 24 juillet de « repaire de brigands ».

M. Bourgeois étudie ensuite la position des neutres, de l'Italie, de la Roumanie, de la Grèce. Il énumère les tentatives de médiation du gouvernement britannique, qui allait le 1er août jusqu'à proposer l'occupation de Belgrade par l'Autriche et qui ne fit un casus belli que de la violation effective de la neutralité belge. Il fait justice des falsifications de textes par lesquels les Allemands prétendirent justifier leur attitude après coup en présentant comme des conventions de simples conversations, et qui dataient de 1906, entre deux officiers supérieurs belge et anglais.

M. Bourgeois applique la même méthode à l'étude des responsabilités des gouvernements austro-hongrois et de l'Allemagne.

Il démontre que le gouvernement de Vienne faisait des préparatifs de guerre dès le printemps et que 100.000 hommes étaient mobilisés le long de la frontière serbe au mois de juin, avant l'attentat de Serajevo qui est du 28. Il se peut très bien que les dernières dispositions aient été prises le 12 juin à l'entrevue de Konopitch où l'archiduc héritier rencontra l'Empereur Guillaume et l'amiral von Tirpitz. L'Autriche voulait échapper par la guerre aux embarras financiers que lui imposaient les préparatifs faits pendant la guerre des Balkans en 1912 et l'augmentation de son armée exigée par l'état-major allemand.

L'attentat fut le prétexte tout trouvé ! Dès le 5 juillet, François-Joseph faisait remettre à son allié une lettre qui a été sans doute écrite le 3 avec un mémoire qui a été préparé avant l'attentat. La durée d'un déjeuner suffit à Guillaume II pour réfléchir et donner son approbation.

Dès le 11 juillet, l'ambassadeur d'Autriche à Paris savait que Vienne et Berlin étaient d'accord. Les décisions avaient été prises à Vienne le 7 juillet dans un grand Conseil des Ministres. Le Comte Tisza y avait fait des réserves de forme et donné des conseils de prudence dont il se départit après réflexion et il fit aggraver par la suite les exigences de son gouvernement, ce qui arrachait à l'Empereur allemand ce cri d'admiration : « Enfin, voilà un homme ! »

Guillaume II ne regrettait que le retard apporté à la remise de l'ultimatum par la prudence des hommes d'État autrichiens qui ne voulaient pas agir pendant le séjour du Président de la République française à Saint-Pétersbourg. On avait, suivant la tradition allemande, attendu les vacances pour faire éclater la guerre ; on choisissait, pour précipiter le dénouement, l'heure où il serait difficile aux puissances de l'Entente de se concerter.

C'est le 23 juillet que fut lancé l'ultimatum à la Serbie ; la réponse très satisfaisante fut donnée le 27, ce qui n'empêcha pas le ministre d'Autriche de quitter Belgrade, et son gouvernement de déclarer la guerre le 28. Pas un moment depuis le 23, il n'avait cessé de continuer ses préparatifs belliqueux, et s'il parut se raviser un instant le 31, on a des raisons de penser que c'était à la suggestion de l'Allemagne et pour essayer de faire retomber sur la Russie la responsabilité du déchaînement désormais inévitable des hostilités.

Les dates des télégrammes permettent d'établir que le Gouvernement autrichien retarda et même retint la nouvelle de l'acceptation presque intégrale de son ultimatum par les Serbes. Il craignait l'effet produit. Guillaume II ne pouvait pas s'empêcher de dire, malgré la part qu'il avait prise à toute la machination : « Là-dessus, moi, je n'aurais jamais ordonné la mobilisation. » Il ne se borne pas à le dire, il l'écrit, et les Allemands ne peuvent pas contester une assertion qui a été recueillie par l'un d'eux. Le 28 juillet, il recommande bien « *d'user d'une douce violence envers les Serbes pour donner une satisfaction d'honneur à une armée mobilisée pour la troisième fois* ».

Le gouvernement impérial allemand s'était gardé de publier, mais il a rédigé les documents par lesquels il s'engageait à ne pas s'associer aux tentatives de médiation de l'Angleterre.

En les publiant aujourd'hui, M. Bourgeois ne fait qu'établir la vérité. Il montre comment l'Autriche pouvait aller de l'avant — mais sans oublier les précautions d'usage — et en donnant des assurances de bonne volonté à Saint-Pétersbourg, à l'heure même où la nouvelle prématurée de la mobilisation allemande, publiée par un Extrablatt du *Lokal Anzeiger,* faisait au gouvernement russe une nécessité de la mobilisation générale.

Des analyses de ce genre permettent de grouper des faits et des preuves irréfutables dont aucun raisonnement ne peut diminuer l'effet.

Il existe d'autres preuves de la volonté préméditée de guerre de l'Empereur allemand : ce conseil de guerre du 1er janvier 1913 où l'on décida l'augmentation des effectifs, cette réunion de tous les ministres des finances allemands du 14 mars qui traite des moyens financiers, ce mémoire de Ludendorff, déjà publié au Livre Jaune, qui prétend habituer le peuple allemand à l'idée et aux avantages d'une guerre offensive, qui montre la nécessité d'un ultimatum à brève échéance suivi d'une action rapide pour « dompter l'ennemi », la coïncidence de ce mémoire et des informations de M. de Tchirsky ambassadeur d'Allemagne à Vienne qui annonce à un secrétaire du prince Lichnowsky l'imminence « de la guerre prochaine », les négociations conduites avec Enver Pacha dans l'été de 1914, l'accession restée longtemps secrète de Ferdinand de Bulgarie à la Triple Alliance, la présence à l'entrevue de Konopitch des deux grands amiraux von Tirpitz et Hans, pour préparer « des événements qui changeraient la face du monde », pour parler le pompeux et insidieux langage de la *Nouvelle Presse libre*.

Tout était prêt. On pouvait agir, et Guillaume II d'écrire dès qu'il apprend l'assassinat de l'archiduc : Oui, oui, les vrais coupables, ce sont le *Serbentum*, le *Slaventum*. Il faut en finir avec les Serbes, « *maintenant ou jamais* ».

On ne le lui fait pas dire. Il l'a écrit de sa main impériale en marge d'une dépêche de Tchirsky du 30 juin 1914 et d'une dépêche du ministre à Belgrade du même jour.

Qu'il était donc bien préparé à recevoir les envoyés et les suggestions de François-Joseph et à « se tenir fidèlement aux côtés de l'Autriche-Hongrie » ! Son départ pour la Norvège le 6 juillet, après la signature de l'accord de Potsdam qui est du 5, n'avait d'autre objet que de dissimuler ses intentions et de tromper la clairvoyance très éveillée des diplomates belges et français.

L'impérial touriste s'impatientait en Norvège, il trouvait la croisière longue et « enfantine », « regrettables » les retards prémédités de la diplomatie autrichienne. Il quittait le fyord de Sogne le jour même où le ministre autrichien quittait Belgrade ; il était à Berlin le 27 juillet.

Dès le 26, l'ambassadeur allemand à Saint-Pétersbourg avait déclaré à M. Sazonow que la mobilisation signifie la guerre. Ne serait-ce pas sur l'ordre de l'Empereur, de qui le chancelier fait tenir encore, en Russie même, un langage plus conciliant ? L'état-major allemand est autorisé par l'Empereur à commencer le transport des troupes, et, de plus, François-Joseph se sent autorisé à déclarer la guerre aux Serbes.

Le gouvernement de Guillaume II expose aux gouvernements confédérés de quel intérêt vital il est pour l'Allemagne de soutenir l'Autriche-Hongrie. L'appel que Nicolas II fait le 28 juillet à ses sentiments pacifiques l'oblige à continuer de négocier pendant quatre jours ou à en avoir l'air. Dès le lendemain Guillaume II décidait, sans la proclamer encore, la mobilisation générale des armées allemandes.

Les appels répétés du Tsar rendaient la déclaration de guerre difficile ; le prétexte cherché fut fourni par la publication du *Lokal Anzeiger*, le 30 juillet. Elle fut démentie. Mais le Tsar avait été contraint, par la lenteur des transports sur les chemins de fer russes, d'ordonner la mobilisation générale ; l'heure des dernières résolutions approchait. Le chef d'état-major général de Moltke l'annonçait au plus intime de ses confidents ; il arrachait au téléphone au général Hell, commandant le XXe corps allemand, sur la frontière russe, l'affirmation que la Russie mobilisait. Le général prussien donnait des impressions, des assurances même, il ne pouvait pas procurer à son chef le texte de l'affiche rouge, ordre de la mobilisation russe.

Pour rejeter la responsabilité de la déclaration de guerre sur Nicolas II, le gouvernement impérial allemand a interverti, dans le Livre Blanc, l'ordre des derniers télégrammes échangés par les deux Empereurs. M. Bourgeois le rétablit. Il établit aussi que Berlin n'a fait aucune démarche à Vienne pour recommander l'acceptation des propositions anglaises, alors qu'au témoignage du prince Lichnowsky « il n'aurait fallu qu'un signe de Berlin pour décider le comte Berchtold à se contenter d'un succès diplomatique ».

On voulait la guerre. M. Bourgeois rappelle que le 17 octobre 1914, le publiciste Harden écrivait : « Nous faisons la guerre avec la conviction profonde que l'Allemagne, en raison de sa production, doit réclamer et obtenir un plus large espace sur la terre, des moyens d'action plus étendus. »

Harden appartient à cette variété d'Allemands qui croient que la vérité est toujours bonne à dire. Lorsqu'on a commencé de connaître les documents, il a écrit dans la *Zukunft* du

19 avril 1919 : « Le coupable est celui qui s'est refusé à la médiation et à l'arbitrage. »

C'est ce que M. Bourgeois a démontré à l'aide des documents, et le plus souvent à l'aide des documents qui émanent des ministres ou des agents de l'Allemagne.

C'est aussi la méthode qu'il a suivie en étudiant les rapports de la Triple Alliance et de la Triple Entente de 1904 à 1914; il l'applique à l'étude des affaires marocaines et des complications survenues dans les Balkans qui précèdent de si peu, expliquent et préparent les événements de 1914.

Le titre même de l'ouvrage, l'ordre suivi par les auteurs, les raisons qui le leur ont imposé retiennent longtemps le lecteur sur la première partie du sujet.

Il ne faudrait pas croire que la seconde partie de l'ouvrage, l'étude de M. Pagès sur l'hégémonie allemande de 1871 à 1904, soit d'une lecture moins attachante, d'un intérêt moins soutenu, d'une documentation moins riche ou ait été conduite avec une méthode moins rigoureuse et moins sûre.

Il a au contraire renouvelé et complété nos connaissances sur des questions qui ont été la grande préoccupation de la France, et sa vie même pendant les quarante ans qui ont suivi les préliminaires de Versailles et le traité de Francfort.

Dans l'attitude de l'Allemagne victorieuse à l'égard de la France vaincue, M. Pagès retrouve tout de suite et met en lumière le ton, les procédés, la volonté d'agression de 1914.

C'est dès le début un langage menaçant que les contemporains se rappellent assez, pour que l'auteur n'ait pas besoin d'y insister, ce sont les provocations adressées par Bismarck à Gontaut-Biron, les tentatives d'intimidation qui aboutissent à ce qu'on a appelé la crise de 1875 et à l'intervention de la Russie.

Ce que M. Pagès fait très bien ressortir, c'est qu'au fond à ce moment M. de Bismarck sous-estimait la France. L'événement lui prouva même qu'il l'avait sous-estimée à l'excès ; c'est l'Orient, ce sont les Balkans qui le préoccupent, et, comme il ne lui en coûte pas de changer d'associés à l'intérieur de l'Empire, il ne lui en coûte pas davantage de modifier sa politique étrangère.

Des dépêches inédites de Saint-Vallier — un grand diplomate — nous montrent notre ennemi pacifique, prévenant; n'allait-il pas jusqu'à offrir à Waddington la présidence du futur Congrès? Le Français avisé n'a que trop de raisons pour la refuser.

Il n'en est pas moins vrai que de 1878 à 1884 la France est obligée de se défendre contre les avances de Bismarck. Elle s'en défend avec Waddington, avec Freycinet, avec Challemel-Lacour, avec Jules Ferry. « Pacifier le présent, réserver l'avenir », tel est le programme de M. de Courcel, qui a succédé à Berlin à Saint-Vallier, comme il est celui du Quai d'Orsay.

Bismarck comprenait très bien les raisons de cette réserve, qui contribuèrent sans doute à lui faire signer, en 1879, avec l'Autriche, un traité d'alliance qui devint la Triplice en 1882, tandis qu'il se munissait, en 1881, d'un accord austro-russo-allemand. Autant d'assurances, de contre-assurances, de garanties d'un *statu quo* qui était pour l'Allemagne si avantageux et si glorieux. Le chancelier aurait voulu davantage, et il espéra que nos démêlés avec l'Angleterre à propos de l'Égypte nous rapprocheraient de l'Allemagne. Faire de la France une seconde Autriche, quel rêve! Il échoue naturellement, et dès lors, les complications coloniales, les craintes d'un changement de règne que fait prévoir l'âge du vieil Empereur aidant, M. de Bismarck revient à la manière forte. M. Pagès publie une dépêche de M. de Courcel du 28 mai 1885, qui projette une lumière crue sur le masque du Chancelier et nous montre en lui le comédien redoutable mieux encore que ne font les souvenirs ou les propos de table de Lothar Bucher. Ainsi se préparent les crises concomitantes de l'agitation boulangiste, les incidents de frontière provoqués, l'affaire des passeports. L'organisateur, le directeur, le mainteneur de la Triple Alliance se rapproche de l'Angleterre, et M. Pagès nous fait voir en Bismarck, avec preuves à l'appui, l'initiateur de la politique mondiale de l'Empire allemand. Guillaume II ne l'a pas inventée.

Cependant son règne arrive, le rideau tombe en 1888 sur le vieil Empereur et sur son fils qui descendent à trois mois de distance aux caveaux de Potsdam, sur le chancelier qu'un caprice de son nouveau maître fait disparaître de la scène.

Guillaume II se déclare pacifique, mais « ne connaît pas, pour y mourir, d'endroit plus honorable qu'au milieu de ses ennemis ». C'est en 1891, il est vrai, qu'il parle de mourir et il ne cherchait alors qu'à gagner une bataille politique, le vote d'une loi militaire qu'un Reichstag lui refusait mais qu'un autre Reichstag lui accordait en 1893, après une dissolution, à seize voix de majorité. Dans l'intervalle, les marins français étaient allés à Cronstadt, les marins russes étaient venus à Toulon et à Paris.

Guillaume II orientait le nouveau cours, comme il disait, vers la mer et vers les colonies, il essayait de brouiller la France et l'Angleterre, il attisait leurs rivalités en Afrique ; il détournait les ambitions russes de l'Orient Balkanique vers l'Extrême-Orient, il y établissait l'Allemagne ; il obligeait la France à faire participer son escadre aux fêtes de Kiel, mais il imposait aux vaisseaux français le voisinage d'un cuirassé allemand qui par hasard s'appelait le *Wœrth*. Il affectait d'encourager le président Krüger contre les Anglais, mais il encourageait les Anglais à soutenir les Italiens vaincus à Adoua. Il a la main ou le pied partout. S'il ne peut empêcher le tsar Nicolas II de faire à Paris, en 1896, une visite que le Président Félix Faure rendit en 1897, il affecte de conserver des relations personnelles avec Nicolas II, il espère détacher la Russie de la France, mais il s'en défend et ses ministres autorisent l'ambassadeur de France à déclarer qu'ils sont satisfaits de ce qui s'est passé à bord du *Pothuau*. Il a d'autres visées qu'une guerre immédiate avec la France ou avec la Russie.

En 1897 il appelle aux Affaires étrangères le prince de Bulow qui, trois ans plus tard, remplacera Hohenlohe à la chancellerie, von Tirpitz à la marine et il fait occuper Kiaou-Tchéou. Il visitait les cours d'Europe. L'an d'après il partait pour Jérusalem, et les discussions entre la France et l'Angleterre à propos de Fachoda lui paraissaient être l'occasion d'un rapprochement plus intime entre l'Allemagne et la Russie, qui détendrait par voie de conséquence l'amitié franco-russe.

En 1899 et en 1900, il cherche à maintenir son hégémonie par un jeu d'avances et de demi menaces alternées qu'il adresse tantôt à la France, tantôt à l'Angleterre ; il flirte avec la Russie et l'année 1900 lui apporte des satisfactions en Asie-Mineure, avec le projet du chemin de fer de Bagdad, le contrôle d'une partie du Pacifique avec l'acquisition des Carolines et des Mariannes, l'orgueil de montrer aux Chinois un maréchal allemand à la tête d'un corps expéditionnaire international ; l'Empire et l'Empereur jouent un rôle « mondial ».

Mais le fruit cache un ver rongeur. L'Italie s'est rapprochée de la France, M. Delcassé a réconcilié la France et l'Angleterre en 1901. Guillaume II accepte d'abord la situation, et M. de Bulow fait des avances marquées à M. Bihourd, qui a remplacé M. de Noailles à l'ambassade de France à Berlin. Le chancelier croyait qu'on « peut être en bien des choses d'un avis différent et se rencontrer sur certains points ».

Son maître lui ordonna bientôt de changer d'avis, quand l'entente devint plus étroite entre la France et l'Angleterre à partir de 1904.

Dès lors l'Allemagne se sentit menacée d'isolement et d'encerclement. Du moment qu'elle ne pouvait plus menacer ou insulter la France comme avait fait Bismarck dans les années qui ont suivi 1871 ou au temps des incidents de frontières, la France, à ses yeux, était agressive. C'est un point de vue, mais ce n'est pas autre chose, et ce ne sont pas des points de vue ni des impressions que MM. Bourgeois et Pagès ont groupés dans les « Origines et les Responsabilités de la grande guerre » ; ils ont rapproché des documents précis, des faits exacts, la lumière jaillit d'elle-même. A moins de fermer volontairement les yeux, il est difficile, après avoir lu, d'attribuer à la France ou à la Russie les événements de juillet 1914, il est difficile aussi de ne pas comprendre que depuis 1871 l'Allemagne n'a jamais fait bon visage à la France que pour essayer de lui faire signer une seconde fois le traité de Francfort ou pour l'attacher à sa fortune en lui imposant une sorte de vasselage.

***

Ces notes seraient incomplètes si l'on ne signalait pas encore, en terminant, l'importance des dépêches diplomatiques allemandes qui terminent le volume. Les annotations marginales de Guillaume II en doublent encore le prix. Celles que l'on a rappelées plus haut montrent son impatience dans les premières semaines de juillet, avant la remise de l'ultimatum autrichien à Belgrade. Comme les retards lui pèsent ! DOMMAGE ! DOMMAGE ! écrit-il chaque fois qu'on les lui annonce et qu'on essaie de les justifier. Il supporte peu la contradiction et ne fait aucun effort pour comprendre l'interlocuteur. Sazonow, le ministre des Affaires étrangères de Nicolas II, a plaidé la cause des Serbes auprès de l'ambassadeur allemand Pourtalès. On ne peut pas *rendre un pays responsable de la faute de quelques-uns.* C'EST BIEN RUSSE ! ! L'ambassadeur à Londres télégraphie que, d'après sir Edward Grey, il serait impossible, *sur la base d'assertions légères*, de faire des représentations à Belgrade. QU'Y A-T-IL DE LÉGER ? COMMENT GREY PEUT-IL SE SERVIR DE CE LANGAGE ENVERS UN VIEILLARD VÉNÉRABLE ? Et encore. IL FAUT FAIRE VOIR A GREY QUE JE N'ENTENDS PAS RAILLERIE. IL COMMET LA FAUTE DE METTRE LA SERBIE AU MÊME RANG QUE L'AUTRICHE ET LES GRANDES PUISSANCES. CELA EST INOUÏ ! LA SERBIE EST UNE BANDE DE BRIGANDS QUI DOIVENT ÊTRE ARRÊTÉS POUR CRIME !

L'Empereur n'aime pas la Serbie. Il n'aime pas mieux la France depuis qu'elle a refusé de se laisser prendre à ses avances. Pourtalès a télégraphié le 25 juillet, après une conversation avec Sazonow : Mon appel au principe ne fit que peu d'impression sur le ministre. *La Russie sait ce qu'elle doit au principe monarchique.* ELLE NE LE SAIT PLUS DEPUIS QU'ELLE FRATERNISE AVEC LA RÉPUBLIQUE SOCIALE DE FRANCE.

Pourtalès a entendu les gardes russes saluer l'hôte impérial (le président Poincaré) des accents de la *Marseillaise*. VOILA LE RÉSULTAT D'UNE ALLIANCE D'UNE MONARCHIE ABSOLUE AVEC LA RÉPUBLIQUE ABSOLUMENT SOCIALISTE DES SANS-CULOTTES.

Le prince Lichnowsky a télégraphié de Londres le 29 juillet que la Russie a prié l'Angleterre de reprendre sa médiation. ME VOILA AINSI MIS DE CÔTÉ, s'écrie l'Empereur dont la vanité s'exaspère. Il est dur pour les Anglais.

L'ANGLETERRE SE DÉCOUVRE AU MOMENT OU IL APPARAÎT QUE NOUS SOMMES CERNÉS DANS LA CHASSE ET POUR AINSI DIRE LIQUIDÉS. LA SALE CANAILLE DE BOUTIQUIERS A CHERCHÉ A NOUS TROMPER PAR DÎNERS ET DISCOURS.

Quelquefois la vérité perce sous la colère. ÉDOUARD VII, APRÈS SA MORT, RESTE PLUS FORT QUE MOI QUI SUIS VIVANT. (Commentaire d'une dépêche de Pourtalès du 30 juillet 1914.)

Mais la logique n'est pas le trait dominant de l'impérial annotateur : « TOUTE LA GUERRE A ÉTÉ, DE TOUTE ÉVIDENCE, DÉCIDÉE ENTRE ANGLETERRE, FRANCE ET RUSSIE POUR L'ANNIHILATION DE L'ALLEMAGNE, DANS LES CONVERSATIONS RÉCENTES AVEC POINCARÉ A PARIS ET PÉTERSBOURG. Guillaume II était-il sujet à des crises d'amnésie ? La lecture de l'ouvrage de MM. Bourgeois et Pagès lui rappellerait ses contradictions.

C'est la correspondance d'Italie qui lui valait ses plus beaux accès de colère. Le jour (1er août) où M. de Flotow annonce que M. de San-Giuliano invoque des *raisons intérieures et extérieures pour se prononcer contre la participation à la guerre*, il écrit en marge avec rage : FRIPON ! LE ROI NE M'A PAS ENCORE RÉPONDU.

Victor-Emmanuel télégraphie le 3 août que *le « casus fœderis » prévu par le Traité de la Triple Alliance ne se vérifie pas actuellement.* MENTEUR ! réplique Guillaume II. Le Roi ajoute que *son gouvernement déploiera toute son activité diplomatique pour soutenir les intérêts légitimes de ses alliés.* SCÉLÉRAT ! s'exclame l'allié. Il termine en exprimant *ses vœux les plus cordiaux.* IMPUDENCE ! griffonne Guillaume II.

A coup sûr, les textes cités par MM. Bourgeois et Pagès ne suffiraient pas à qui voudrait écrire l'histoire de Guillaume II. Mais il serait impossible, sans les étudier de près, de reconstituer la psychologie du petit-fils de Guillaume le Victorieux, du fils de Frédéric le Noble. Il s'est peint lui-même, sans y penser ; l'observateur voit ici le personnage sans uniforme, sans masque, tel qu'il était, non pas tel qu'il voulait paraître.

HENRY SALOMON.

UN

CRITIQUE DE L'ÉTAT-MAJOR ALLEMAND

MATTHIAS ERZBERGER

D'APRÈS SES MÉMOIRES

Ludendorff nous assure dans ses *Souvenirs* que ce sont les civils qui ont perdu la guerre. Grâce à l'ineptie et à la faiblesse du gouvernement et des parlementaires, l'arrière n'a pas su tenir jusqu'au bout comme il le fallait; le défaitisme et les mauvais sentiments de l'arrière ont contaminé le front, et la ruine de l'Allemagne en a été la conséquence.

Les *Souvenirs de guerre* d'Erzberger[1] sont sur ce point une réponse directe aux *Souvenirs de guerre* de Ludendorff. Pour Erzberger, le mal est venu justement de ce que l'Allemagne n'avait pas un régime parlementaire, mais était gouvernée par des gens « qui n'ont aucune notion de la psychologie des peuples » et qui sont « habitués à regarder le monde à travers le tube d'un canon », c'est-à-dire par Ludendorff et ses pareils. « Ludendorff était devenu et devait rester jusqu'à la débâcle le souverain absolu de l'Allemagne. » C'est lui qui prenait ou faisait prendre toutes les décisions politiques essentielles; les commissions du Reichstag elles-mêmes étaient surveillées par ses affidés, tel ce Stresemann, leader des nationaux-libéraux, qui ne venait aux réunions que pour rendre compte à l'État-Major des conversations et des opinions confidentielles[2]. Les chanceliers tremblaient devant Ludendorff; quant à l'Empereur, il apparaît dans les pages d'Erzberger

1. *Souvenirs de guerre de M. Erzberger, ancien ministre des finances d'Allemagne*, Paris, Payot, 1921, XIV-437 pp. in-8.

2. C'est ce même Stresemann dont certains milieux politiques anglais ont semblé patronner l'année dernière la candidature au poste de chancelier.

comme un personnage niais et falot que les événements avaient relégué tout à fait au second plan. La responsabilité de l'État-Major est donc entière. Tout ce qu'on peut dire en sa faveur est que l'État-Major de la Marine partage dans une certaine mesure cette responsabilité : « Tous les marins étaient aveugles ! »

Erzberger lui-même avait commencé par être aveugle comme tout le monde. Il laisse entendre, sans y insister, qu'avant la bataille de la Marne, il avait « exposé les buts de guerre allemands dans une lettre confidentielle adressée au chancelier ». En quoi consistaient ces buts de guerre ? Il se garde bien de nous l'apprendre, sans doute parce qu'ils n'étaient pas strictement conformes au droit des peuples à disposer d'eux-mêmes et aux autres principes de morale internationale dont il devint le champion lorsque la défaite de l'Allemagne lui parut inévitable. Il se borne à dire qu'il y « renonça bientôt, parce qu'ils étaient basés sur une erreur notable touchant la situation militaire et politique générale ». La question de savoir s'ils étaient justes ou non ne paraît pas s'être présentée à son esprit.

Quoi qu'il en soit, ses yeux se dessillèrent de bonne heure. Non pas peut-être au lendemain de la bataille de la Marne et à la suite des confidences du général de Moltke, comme il voudrait nous le faire croire : l'homme qui parlait encore, le 21 octobre 1914, d'anéantir la ville de Londres et déclarait que « faire preuve de faiblesse et de sentimentalité pendant la guerre serait faire preuve d'une stupidité impardonnable », n'était pas mûr pour préconiser une « paix d'entente » et une « réconciliation durable entre les peuples ». Il lui fallut un certain temps pour se rendre compte de ce qu'il appelle « la situation militaire et politique générale ». A cet égard, l'activité qu'il déploya dans le service de la propagande, ses missions en Italie, en Bulgarie, à Constantinople, ses voyages en Suisse, ses relations toutes naturelles, en qualité de leader du Centre catholique, avec la Cour pontificale, et ses accointances, beaucoup plus obscures, avec le monde de la franc-maçonnerie, contribuèrent évidemment à lui faire comprendre l'état d'isolement non seulement physique, mais aussi moral, où se trouvait l'Allemagne et l'impossibilité de la victoire finale. Peu à peu, tandis qu'autour de lui on continuait à crier : « Pas de paix boiteuse ! » il se convainquit que le seul moyen d'éviter une catastrophe était de conclure au plus vite une « paix de conciliation ». En 1917, au moment où l'Autriche s'avouait à bout de souffle et où l'Entente aurait pu, avec un peu d'adresse, la détacher de la Quadruple Alliance et terminer la guerre, il n'hésita plus. Il fit voter par le Reichstag la fameuse résolution de paix et devint officiellement le chef du parti de la paix. C'est en cette qualité sans doute que ses collègues le choisirent plus tard pour négocier l'armistice.

Ses mobiles, tels que nous pouvons les apercevoir à travers la trame un peu confuse de son livre, n'étaient pas d'ordre très élevé. Ce serait une grave erreur que de voir en lui un idéaliste, comme l'auteur de *J'accuse*, ou un esprit critique et soucieux de vérité, comme Kautsky. Erzberger est un avocat, honnête à sa manière, mais un avocat.

Dans ses *Souvenirs*, comme dans ceux de Ludendorff auxquels ils répondent, pas une ligne n'est consacrée aux origines et aux responsabilités de la guerre. Il est hors de doute qu'Erzberger a dû connaître sur ce point des choses fort intéressantes ; il les a gardées pour lui ; suivant le mot célèbre, « la question ne sera pas posée ». Mais il y a plus : à mesure qu'on avance dans la lecture de ses mémoires, on constate avec un étonnement croissant que, s'il en veut mortellement à l'État-Major et aux gouvernements qui ont servi l'État-Major, ce n'est pas tant parce qu'ils ont provoqué le massacre le plus effroyable qu'ait jamais vu l'humanité, parce que leurs plans de conquête ont été injustes et leurs méthodes criminelles, mais parce qu'ils se sont conduits dans toute cette affaire avec une insigne maladresse et une incomparable stupidité. Cet état d'esprit, qui n'est sans doute pas rare en Allemagne dans les milieux civils, vaut la peine qu'on s'y arrête.

Prenons la Belgique. M. Maurice Muret nous dit, dans la préface qu'il a mise en tête du volume, qu'Erzberger avoue que l'Allemagne a commis une infamie en violant la neutralité belge. En réalité, le texte d'Erzberger est loin d'être aussi explicite, et c'est en vain qu'on y chercherait le mot d' « infamie » ou quelque expression du même genre. L'invasion de la Belgique a été une grave faute, — œuvre des militaires, naturellement ; ils ont abusé le peuple allemand ; des députés parlèrent, « en petit comité », de protester ; on les fit taire en leur affirmant que les Français étaient entrés les premiers en Belgique. Le résultat fut déplorable : « Je ne compris tout le dommage politique que nous causa l'invasion de la Belgique que lors de mes fréquents séjours à l'étranger neutre ; la question belge se trouvait toujours au premier plan des conversations ». Plus tard, Erzberger s'opposa vigoureusement aux déportations qui devaient produire « un effet désastreux dans l'univers entier » (il pensait qu'il valait mieux instituer le travail forcé en Belgique même). Mais les militaires ne l'écoutèrent pas, et « tout ce que l'administration allemande a fait de bien... les nombreuses institutions sociales nouvelles, l'application de la législation allemande au profit des travailleurs, si supérieure à la législation belge, l'application des assurances ouvrières : les déportations firent oublier tout cela en arrachant de pauvres gens à leur famille ». Une autre sottise des militaires fut la persécution dirigée contre le cardinal Mercier qu'il fut question, à un moment donné, d'interner. La dernière faute, enfin, de l'État-Major et du gouvernement allemand consista à refuser, pendant toute la dernière période de la guerre, de s'expliquer clairement sur le sort qu'ils réservaient à la Belgique, tandis qu'une déclaration nette. repoussant toute idée d'annexions, aurait pu amener une détente et la paix générale ; « l'Allemagne n'ouvrit la bouche sur la Belgique qu'au moment où elle n'avait plus rien à dire ». Quelques mots encore pour réfuter l'inepte légende des ecclésiastiques francs-tireurs (des autres, il n'est pas question, ni des fusillades de Dinant, ni du sac de Louvain) ; quelques phrases onctueuses sur « la douloureuse école » que subit la Belgique pendant les quatre années d'occupation, et sur les misères qu'il s'efforça de soulager ; et c'est tout ce qu'Erzberger trouve à dire. Ce n'est pas beaucoup, et tout le monde pensera que l'État-Major n'est pas le seul coupable. Après tout, il y avait tout de même un Parlement et une opinion publique en Allemagne.

Erzberger a consacré un autre chapitre à l'Alsace-Lorraine. Ce chapitre commence par une phrase qui montre à quel point les idées d'un honnête parlementaire allemand diffèrent de celles qui ont cours en dehors de l'Allemagne. « La paix de Francfort, en 1871, dit Erzberger, rendit à la mère-patrie l'Alsace-Lorraine avec sa population qui comptait plus de 82 p. 100 d'Allemands. » Il y avait bien, du côté de Metz, quelques Français que l'État-Major (déjà !) s'obstina, malgré Bismarck, à faire entrer dans le Reichsland ; mais quoique les Alsaciens-Lorrains eussent manifesté peu d'enthousiasme en rentrant dans le sein de la mère-patrie, il aurait été possible de les apprivoiser peu à peu. Malheureusement, les gouvernements anti-parlementaires de l'Allemagne, et les militaires, firent tout le contraire de ce qu'il fallait pour cela. En 47 ans, on ne trouva pas le moyen de donner à l'Alsace-Lorraine un statut normal dans l'Empire, et ce n'est qu'à la veille de la débâcle que l'on se décida à confier l'administration du pays à un Alsacien. Pendant la guerre, la Prusse et la Bavière se disputèrent le Reichsland que l'on songeait à partager, mais que chacune d'elles aurait voulu tout entier; le Wurtemberg, la Saxe, le pays de Bade intervinrent pour empêcher les autres de s'agrandir. « Cet os ne sera la proie de personne » s'écriait à Metz le roi de Wurtemberg. Les militaires et les pangermanistes faisaient campagne en faveur de l'annexion par la Prusse et combattaient les projets d'autonomie. Finalement, on ne fit rien du tout, bien qu'Erzberger eût fait remarquer que, si on laissait l'Alsace-Lorraine dans cet état d' « inachèvement politique », les adversaires de l'Allemagne en profiteraient, au moment de la conclusion de la paix, pour demander un plébiscite, — sur le résultat duquel il n'était évidemment pas très rassuré. Quant au régime militaire auquel on soumit l'Alsace-Lorraine pendant la guerre, il dépassa les limites de l'absurde ; on mit en prison des ecclésiastiques qui recueillaient des fonds pour la souscription Ludendorff, et des officiers ordonnèrent publiquement à leurs troupes de ne rien accepter des Alsaciens, de peur d'être empoisonnés. Toutes ces maladresses expliquent, suivant Erzberger, qu'une population qui avait, au fond, « des sentiments allemands », qui « voulait rester allemande », et qui « avait vécu quarante sept ans dans la maison maternelle » ait pu « en déménager un beau jour sans tambour ni trompette ». Il ne paraît pas soupçonner qu'il y avait encore autre chose, et que le traité de Francfort ne reposait pas précisément sur le droit des peuples à disposer d'eux-mêmes.

Cette curieuse déviation du sens moral se retrouve dans tout ce que dit Erzberger sur la politique allemande dans l'Est. Le chapitre consacré à la Lithuanie est, à cet égard, tout à fait caractéristique. Les Lithuaniens avaient, dit-il, accueilli les Allemands en libérateurs, mais l'État-Major fit des siennes en Lithuanie comme ailleurs. Les militaires et la Cour se mirent dans la tête d'imposer l'Empereur comme grand-duc de Lithuanie ; ils firent circuler des pétitions dans ce sens qui causèrent une grande perturbation dans le pays. C'est à grand peine qu'Erzberger parvint à faire reconnaître par le gouvernement allemand « l'indépendance de la Lithuanie conformément aux principes reconnus par la Russie du droit des peuples à disposer d'eux-mêmes ». Le bon apôtre ! Se douterait-on que cette « indépendance » avait pour objet de lui permettre de faire passer son propre candidat, le duc Guillaume d'Urach, de la maison de Wurtemberg? Mais les militaires et le gouvernement lui firent toutes sortes de tracasseries ; le duc ne put être élu que le 11 juillet 1918 ; l'Allemagne ne se hâta pas de le reconnaître, la débâcle se produisit, et il fut impossible de mettre les Alliés en présence du fait accompli. C'est ainsi que les militaires et leurs acolytes ont perdu l'Allemagne.

C'est également pour des raisons de pur opportunisme qu'Erzberger condamne la guerre sous-marine sans restriction. Il avoue qu'au début on le persuada lui-même, par des phrases sonores, « que la guerre sous-marine sans restriction était le moyen de terminer rapidement et victorieusement la guerre ». Il n'avait donc pas d'objection de principe, mais son intelligence extrêmement lucide lui montra de bonne heure que ce n'était ni en six semaines, comme le lui avait dit Tirpitz, ni en six mois, ni même en beaucoup plus de temps qu'on parviendrait à abattre l'Angleterre. Il réunit des renseignements, fit des calculs, qu'il donne tout au long dans son livre, et arriva à la conclusion que la guerre sous-marine pourrait durer pendant des années sans aboutir à autre chose qu'à exaspérer l'Angleterre et, par surcroît, à provoquer l'hostilité des États-Unis. Il combattit donc énergiquement la guerre sous-marine et les « marins aveugles ». Mais sait-on ce qu'il leur reproche ? Ce n'est pas d'avoir torpillé sans avertissement des paquebots inoffensifs et des bâteaux-hôpitaux ; c'est de ne pas avoir construit assez de sous-marins. L'Allemagne n'en avait pas 50 au début de la guerre ; elle n'en a jamais eu beaucoup plus de 150 ; c'était insuffisant. « L'administration allemande de la marine a commis une fatale erreur en négligeant la construction des sous-marins » avant la guerre, et, pendant la guerre, « si Tirpitz avait construit plus de bateaux et fait moins de politique, l'Allemagne s'en serait mieux trouvée ».

Il serait facile de prolonger cette étude et de montrer, par exemple, que la résolution de paix du 19 juillet 1917 et le programme d'une Ligue des Nations rédigé par Erzberger le 30 septembre 1918 ne correspondent nullement chez leur auteur à un sentiment profond de la justice dans les relations internationales. Ce sont des expédients, des artifices de procédure, d'ingénieuses trouvailles d'avocat. Il s'agit avant tout de sauver l'Allemagne, que des militaires inintelligents et qui ne voient pas le danger sont en train de perdre. Nul doute que, si l'Allemagne eût marché de victoire en victoire, Erzberger n'eût été capable de présider la conférence de la paix tout aussi bien que Ludendorff et de frapper du poing sur la table pour mettre fin aux divagations des partisans du droit des peuples, comme le fit à Brest-Litovsk le général Hoffman.

Voilà donc l'homme que ses amis ont représenté comme l'ange de la paix et ses ennemis — il en avait beaucoup — comme l'apôtre du défaitisme en Allemagne. Ses Mémoires, dans lesquels il a résumé d'une façon si intéressante ses expériences variées pendant la guerre, montrent qu'il n'était ni l'un ni l'autre. Il était simplement beaucoup plus intelligent et beaucoup mieux informé que la plupart des militaires et des hommes d'État de son pays, et c'est ce qui l'a conduit très vite à des conclusions opposées aux leurs. Mais on chercherait en vain chez lui un regret du passé ou un souci de construction idéale pour l'humanité de l'avenir. Ce n'est pas un rêveur, mais un bon Allemand, qui n'a jamais en réalité cessé de mettre l'Allemagne au-dessus de tout. Décidément, les pangermanistes ont eu grand tort de l'assassiner.

D. Pasquet.

LA GUERRE

VUE DU G. Q. G. AUSTRO-HONGROIS

L'historiographie de la guerre semble jusqu'ici moins abondante en Autriche-Hongrie que dans les autres pays d'Europe. Nous en sommes pour le moment réduits à l'histoire populaire et illustrée de Richard von Kralik[1] et aux publications de documents entreprises par le ministère des Affaires étrangères austro-hongrois, puis autrichien[2], ou par les savants chargés d'explorer les Archives Nationales de Vienne[3]. Les Mémoires du maréchal Conrad, dont un premier volume paru[4] n'embrasse que la période de 1906 à 1909, constitueront un témoignage capital, ardemment tendancieux comme tout ce qu'écrit le belliqueux chef d'État-major. Provisoirement, nous ne disposons que de deux volumes relatifs à l'histoire des opérations de guerre austro-hongroises : le livre de K.-F. Nowack, dont on annonce une traduction sous ce titre : *Vers la Catastrophe* (Payot, 1922), et le livre du général von Cramon dont la traduction vient de paraître : *Quatre ans au*

1. Richard von Kralik : *Geschichte des Weltkrieges* (Œsterreichs Ehrenbücher), Vienne, 1915, gr. in-8° illustré. I, *Das Jahr 1914*, VIII-362 pp.

2. *Œsterreich-Ungarisches Rotbuch, Diplomatische Aktenstücke zur Vorgeschichte des Krieges 1914*, Vienne, 1914; *Diplomatische Aktenstücke betreffend die Beziehungen Œsterreich-Ungarns zu Italien in der Zeit vom 20. Juli 1914 bis zum 23. Mai 1915*, Vienne, 1915; *Zur Vorgeschichte des Krieges mit Italien*, Vienne, 1915 (K. K. Ministerium des Aeussern); *Diplomatische Aktenstücke zur Vorgeschichte des Krieges 1914. Ergänzungen und Nachträge zum Œsterreich-Ungarischen Rotbuch*, Vienne, 1919, 4 fasc. (Republik Œsterreich, Staatsamt für Aeusseres).

3. Prof. Dr. Alfred Pribram : *Die politischen Geheimverträge Œsterreich-Ungarns, 1879-1914*. Nach den Akten des Wiener Staatsarchivs, Vienne et Leipzig, 1920, I-328 pp. in-8°.

4. Feldmarschall Conrad : *Aus meiner Dienstzeit, 1906-1918*, Vienne, 1921; I, *1906-1909*, 676 pp. gr. in-8°.

G. Q. G. austro-hongrois pendant la guerre mondiale[1]. Le livre de Nowack, critiqué par Cramon sur plus d'un point, ne m'a pas été accessible et je n'en puis faire état.

Le général von Cramon a été, pendant treize ans, chef de la section autrichienne à l'État-major de Berlin ; en 1907, lors de la visite de Conrad à Berlin, Cramon lui fut attaché comme aide de camp. Sa connaissance des personnes et des problèmes d'Autriche est donc ancienne. Elle est influencée, comme de juste, par son patriotisme allemand qui juge avec sévérité les Magyars de Hongrie, avec un certain mépris les populations tchèques, slaves et roumaines d'Autriche. Cramon croit, même après la défaite, à l'avenir du germanisme et au rattachement inévitable de l'Autriche allemande à un Empire allemand fortement unifié. Le plus grave reproche qu'il puisse faire à l'Empereur Charles est d'avoir été fédéraliste, trop autrichien, *anational* et de n'avoir pas préféré ses sujets allemands à tous les autres.

Attaché allemand au G. Q. G. austro-hongrois depuis la fin de janvier 1915, agent de liaison entre les deux G. Q. G. et les deux monarques, Cramon a eu cette chance heureuse d'occuper un poste d'observateur exceptionnel à Teschen, puis à Baden, d'où bien souvent il est parti pour Pless, pour Charleville ou pour Spa, chargé de missions confidentielles pour les plus hauts chefs militaires allemands : Falkenhayn, Ludendorff, Hindenburg, Guillaume II. Or, ce rôle d'intermédiaire n'impliquait aucune responsabilité ; il n'a ainsi ni à se défendre, ni à attaquer personne. Sa déposition est celle d'un témoin sincère, lucide, assez dénué de passion personnelle, si l'on veut bien, une fois pour toutes, réserver les questions sacrées sur lesquelles il n'y a pas de discussion possible : en bon général allemand qui croit aveuglément à la parole de son empereur, Cramon est prêt à jurer « devant Dieu et devant les hommes » que l'Allemagne n'a pas voulu la guerre, qu'elle n'y est entrée que par loyauté, pour appuyer les justes exigences de l'Autriche envers la Serbie, et par nécessité, pour résister à une coalition hostile et machiavélique. L'Allemagne

1. Payot, 1922. La traduction, un peu trop germanique, est du capitaine Kœltz, breveté d'État-major. Je crains qu'il ne s'y soit glissé quelques contre-sens : p. 252, le « *nid de mensonges* dans lequel Clemenceau s'est empêtré » doit correspondre à l'allemand *Lügennetz* (réseau de mensonges) et non *Lügennest* ; p. 269, note, Conrad est accusé d'avoir eu « trop peu *d'orgueil* devant les trônes royaux » ; il faut entendre *trop peu de respect* (*Ehrfurcht*, non pas *Ehrgeiz*).

n'avait pas prévu de guerre offensive, elle avait « laissé passer bien des occasions favorables de faire une guerre préventive » ; tout au plus avait-elle songé à la défensive, et est-ce sa faute si la défensive exigeait qu'on foulât aux pieds la Belgique?

Existe-t-il un seul code au monde qui interdise le droit de légitime défense ? Si nous n'avions pas pris les devants, la France et l'Angleterre n'auraient pas davantage respecté la neutralité de la Belgique. Frapper étant la meilleure parade, nous avions prévu, pour le cas où la guerre nous serait imposée, l'invasion immédiate de la Belgique et du Luxembourg (p. 14).

Telle est l'argumentation des généraux allemands : elle n'a pas changé depuis 1914.

L'intérêt du livre de Cramon n'est d'ailleurs pas dans ces questions de doctrine et de responsabilités. La valeur en est faite des observations directes de l'auteur sur les relations et les conflits des deux États-majors et des deux souverains. Il a vu discuter et décider des diverses offensives. Il les a toutes vu s'arrêter à mi-succès, faute de troupes et de moyens matériels, faute d'accord surtout entre les divers commandements. Le premier point faible qu'il signale dans l'alliance, c'est la rivalité constante des deux États-majors, dont les visées militaires et politiques sont divergentes. Pour Falkenhayn, le souci du front occidental est dominant ; Conrad songe plutôt aux Balkans, et surtout à l'Italie contre laquelle il a une si vieille haine[1]. De là, entre lui et Falkenhayn, des frottements incessants, aggravés par leurs différences de caractère. Dans cette dualité du commandement, Cramon aperçoit la première cause de la défaite. Si la manœuvre de Gorlice-Tarnow (avril-juin 1915) a si brillamment réussi, c'est grâce à l'accord momentané et presque fortuit des deux chefs d'État-major. Immédiatement après (septembre-août 1915), l'offensive sur Loutsk-Kowno entreprise par les forces austro-hongroises seules échouait, au point de se terminer, comme trop souvent, par un appel désespéré au renfort allemand. Même erreur en octobre-novembre où

1. Il faut lire, dans les *Souvenirs* de Conrad, comment, dès 1906 et pendant toutes les années subséquentes, il a harcelé François-Joseph et Æhrenthal de lettres, de memoranda et de rapports pour les persuader de rompre l'alliance en déclarant à l'Italie une « guerre préventive », sans préjudice de celle qu'il aurait aussi fallu déclarer à la Serbie (*Aus meiner Dienstzeit*, I, pp. 28, 41, 63, 65, 72, 75, 82-86, 173-174, 272 et *passim*). *Heutzutage führt man keinen Praeventivkrieg*, finit par répondre un jour Æhrenthal (p. 169).

l'offensive victorieuse contre la Serbie n'est pas exploitée à fond, Falkenhayn résistant au plan de Conrad qui eût sans attendre poussé vers Salonique. Dans les derniers mois de 1915, le conflit devient aigu entre les deux généraux, Conrad insistant pour liquider d'un coup le front italien en obligeant l'Italie à une paix humiliante, Falkenhayn décidé dès lors à réserver pour le coup qu'il veut frapper en France les armées allemandes plus solides, plus patriotes, mieux armées et mieux instruites. Même l'offensive victorieuse qui se poursuit dans le Monténégro et l'Albanie, Falkenhayn veut l'enrayer en rappelant les meilleures troupes : c'est dès lors l'idée de Verdun qui l'obsède. Il faut la prise du Lovcen, de Cettigné et de Scutari (11-23 janvier 1916) pour amener une réconciliation temporaire. Force est alors d'accorder à Conrad son offensive italienne qui débute brillamment en avril 1916 par la prise d'Asiago, puis s'arrête, faute de troupes fraiches, parce que Verdun d'une part, l'offensive Broussilov de l'autre, absorbent tout le renfort disponible. La situation devenant critique sur le front russe, pour la première fois la position de Conrad est ébranlée; la question du haut commandement unique sur le front russe, qu'on parle de confier à Mackensen ou à Hindenburg, donne lieu à de pénibles débats. Puis quand il s'agit de nommer un chef militaire unique de tous les fronts, qui ne saurait être que Guillaume II, Conrad offre sa démission à François-Joseph; mais celui-ci la refuse, et prie qu'on sauvegarde ses droits de souverain, la dignité de la puissance militaire de la Monarchie et les pouvoirs du G. Q. G. austro-hongrois. Finalement on arrive, non pas à un commandement unique, mais à un conseil suprême, formé des deux monarques et des deux chefs d'État-major. Lorsque, en août 1916, la Roumanie entre en guerre, contre toutes les prévisions de Falkenhayn, c'est le signal de sa chute. Ainsi Conrad et Falkenhayn, par leur obstination à se chercher des succès personnels, ont compromis et la victoire et la solidité de l'alliance : « L'un passa par Asiago, l'autre par Verdun, et ils se rencontrèrent... à Loutsk ! » (p. 136).

Une deuxième faiblesse des Puissances centrales a été la fragilité intérieure de l'Autriche-Hongrie. Dès le début de 1915, des régiments tchèques et roumains ont fait défection dans les Carpathes. L'Allemagne ne s'est jamais rendu compte à quel point l'Autriche-Hongrie s'était fait haïr des nations limitrophes et de ses propres sujets hétérogènes qui tous escomptaient son démembrement.

« La haine de l'univers entier contre tout ce qui est allemand est une légende que l'Entente a répandue sciemment parmi ses peuples et à l'étranger... L'Italie et la Roumanie n'ont pas été poussées à la guerre par la haine de tout ce qui était allemand ; leur cœur et leur raison ont escompté froidement la faiblesse intérieure de la Monarchie danubienne. L'Autriche-Hongrie a amené Belgrade, Rome et Bucarest à se tourner contre nous » (p. 138). Aussi Cramon ne peut s'empêcher de trouver inconvenantes la perpétuelle suspicion où l'opinion austro-hongroise a tenu le commandement allemand pendant la guerre et l'ingratitude témoignée à l'armée allemande, si souvent appelée à l'aide et qui a dû tant de fois, à l'Est et au Sud, rétablir des situations compromises par l'armée alliée.

Dans ces conjonctures critiques, François-Joseph meurt le 21 novembre 1916. « Sa disparition, dit Cramon, fut, après la bataille de la Marne, l'événement le plus grave pour les Puissances centrales » (p. 151). Il représentait le plus ferme appui de l'Allemagne en guerre. Ses peuples qui ne l'aimaient guère conservaient pour lui un reste de respect. Le jeune archiduc Charles qui lui succédait n'avait ni son intelligence, ni son attachement aux idées allemandes. Son catholicisme sévère, son entourage à demi français ou italien le prédisposaient peu à goûter les vertus prussiennes. Dans les circonstances terribles où il prit le pouvoir — famine approchante, rébellion ouverte ou sourde des populations tchèques et roumaines, haine des Slaves pour les Magyars — il ne croyait plus à la victoire et ne désirait que la paix. Cramon juge avec la plus grande sévérité les mesures de défiance que Charles prit à l'égard de Conrad, relevé de ses fonctions en février 1917, l'imprudent décret d'amnistie accordé aux crimes politiques en pleine guerre, les adoucissements apportés, sur l'intervention de Zita, à la guerre aérienne sur le front italien, et surtout les tentatives de paix inaugurées dès le mois de décembre 1916, plusieurs fois répétées par la suite. Sur les négociations ultérieures (1917), le livre de Cramon complète heureusement le livre du prince Sixte de Parme [1]

1. Voir aussi August Demblin : *Czernin und die Sixtus-Affäre*, Munich, 1920. Le prince Sixte, au contraire de Cramon, reconnait à Charles « un esprit net et un caractère droit ».

et met au jour sans pitié la duplicité de cet empereur si pieux et de son ministre Czernin ; avec quel étonnement naïf ce général allemand constate qu'une parole d'empereur peut n'être pas véridique !

« Je ne pouvais admettre qu'un empereur, et surtout un empereur aussi pieux que l'empereur Charles, eût voulu nous tromper sciemment, mon auguste Chef suprême et moi-même. J'ai été élevé et j'ai blanchi dans cette idée qu'après la parole de Dieu, la parole de mon Empereur était la plus sacrée et j'ai été profondément ébranlé à l'idée que celui qui portait une des couronnes les plus respectables de l'Europe pouvait avoir porté une atteinte aussi grave à sa dignité » (p. 258).

Le caractère faible et agité de Charles IV semble avoir eu une répercussion immédiate sur son quartier général dont il s'est appliqué à éloigner toutes les personnalités indépendantes, en première ligne le maréchal Conrad dont la franchise le blessait. Grand travailleur et savant tacticien, très au courant des questions nationales intérieures à la Monarchie, il semble qu'il ait manqué à Conrad, pour réussir, d'un certain sens des réalités et du contact étroit avec les troupes et avec le terrain sur lequel devaient se déployer les plans toujours grandioses qu'il concevait. Tel est, du moins, le jugement de Cramon. Le Transylvain von Arz, qui succéda à Conrad, n'avait pour lui que quelques succès contre la Roumanie, son ignorance des questions politiques et l'extrême amabilité de son caractère.

Les opérations de guerre austro-hongroises ont été dès lors commandées par les difficultés intestines. Cramon s'indigne que l'empereur ait convoqué le Parlement, en avril 1917, pour la première fois depuis le début de la guerre, afin de subordonner à l'opinion des députés les questions de crédit. Assez naïvement, il regrette aussi que cette mesure « ait donné à l'étranger l'impression que l'Autriche était gouvernée en temps de guerre sans parlement » (p. 185).

La Révolution russe, la suprême offensive Kerenski, puis l'effondrement du front oriental en automne 1917 devaient apporter quelque soulagement à l'Autriche-Hongrie, épuisée au point de ne plus souhaiter qu'une paix blanche. Le grand succès de la percée de Tolmino (octobre 1917) s'arrêtait sur la Piave, faute de contingents frais. Il fallait au plus tôt régler la situation à l'Est, et l'accord avec l'Allemagne était malaisé. A Brest-Litovsk, l'Autriche eût été satisfaite du *statu quo ante*, mais l'Allemagne tenait à ses conquêtes en Pologne et en Russie. L'indépendance de la Pologne, proclamée en novembre 1916 par l'Autriche, sous le coup de la nécessité, se heurtait au *veto* absolu des Allemands. La délégation des Empires centraux à Brest-Litovsk reproduisait l'antagonisme ancien des chefs militaires et compromettait les avantages communs. Il y a beaucoup à apprendre de ce chapitre du livre de Cramon qui, louant la douceur extrême des conditions dictées aux vaincus, reproche aux Austro-Allemands d'avoir manqué « de la dignité et de l'orgueil des vainqueurs ». Après une rupture d'armistice et une courte expédition allemande en Russie, puis une brève invasion en Ukraine, la Russie et la Roumanie ayant signé tout ce qu'on leur demandait, il n'y avait plus qu'à transporter sur d'autres fronts les troupes austro-hongroises pour la grande offensive de printemps. Mais l'Empire craquait de toutes parts : les Tchèques, les Slaves, les socialistes menaçaient de défections graves ; l'égoïsme magyar, toujours si dangereux, proclamait bien haut ses vues séparatistes ; le président von Seidler se montrait faible et incapable ; l'impératrice arrachait à son mari la promesse qu'on n'enverrait pas contre la France de troupes autrichiennes. Là-dessus éclatait, en avril 1918, le scandale Clemenceau-Czernin où, d'instinct, l'opinion du G. Q. G. lui-même fit confiance à Clemenceau plutôt qu'à l'empereur, dont la défense fut piteuse. Cramon a reçu très directement les confidences de Charles qui lui fit lire un soi-disant brouillon de sa lettre à Sixte, conforme au texte de Vienne, mais qui semblait bien avoir été rédigé après coup. C'est Cramon encore qui est allé à Avesnes porter à Guillaume II les excuses de Charles IV, puis qui est retourné à Baden chercher l'empereur pour le ramener à Spa. Dans l'intervalle, le *Manchester Guardian* avait lancé une deuxième lettre de Sixte ; l'entrevue des 11-13 mai fut un véritable Canossa, d'où sortit un traité d'alliance renforcée, mais de confiance diminuée.

La dernière offensive austro-hongroise sur la Piave, commencée sur ces entrefaites, souffrit des mêmes maux que toutes les autres : désaccord dans le commandement, trahison sur le front, rappel de troupes au secours de Hindenburg en France. Avec la deuxième bataille de la Marne se dessine le commencement de la fin. Charles presse Guillaume de demander la paix et se décide, le

14 septembre, à en prendre seul l'initiative, d'ailleurs repoussée par Lansing et Clemenceau. Cramon a vu, au mois d'octobre, l'affolement croissant à Vienne et à Baden, les réformes hâtives de la dernière heure, l'empereur rendant la liberté à ses peuples (1er octobre), Wilson exigeant (17 octobre) qu'on reconnaisse la Tchéco-Slovaquie et la Yougo-Slavie, la fuite du couple impérial en Hongrie, puis le retour de Charles à qui Karolyi impose son autorité. Il a vu, la mort dans l'âme, le Hongrois Andrassy prendre la tête du gouvernement austro-hongrois, un professeur pacifiste, Lammasch, présider le Conseil des ministres autrichiens, l'Autriche-Hongrie accepter les conditions de Wilson et trahir l'alliance. Il a entendu crier à Vienne : Vive la République d'Autriche allemande ! Sur le front italien, la débandade des troupes austro-hongroises commençait dès le 2 novembre et il fallait se hâter de publier dès le 3 le décret de cessation des hostilités. On a pu voir les restes du G. Q. G. de Baden, pris de panique, arriver à Vienne en tramway !

Cramon a appris à Vienne la nouvelle de l'abdication de Guillaume II, qu'il avait vu à Potsdam le 28 octobre. Il est demeuré en Autriche neuf mois encore après l'armistice, jusqu'à sa retraite, en juillet 1919. Les réflexions mélancoliques sur lesquelles il termine son livre n'excluent pas un espoir consolant : celui de voir l'Autriche allemande réunie un jour à l'Empire allemand pour de nouvelles destinées communes :

La fin terrible de la guerre a fait perdre beaucoup, infiniment, au peuple allemand. La majesté du vieil Empire n'est que ruine et poussière. Mais, en ces temps de déchéance suprême, il semblait cependant qu'un avantage fût réservé à notre malheureuse nation : l'Autriche allemande, ce pays si merveilleux dans la splendeur bénie de son été, si riche en fière tradition historique, ce morceau de terre allemande, se préparait à rejoindre la grande Allemagne. La haine de l'ennemi lui a barré le chemin jusqu'à présent, mais l'heure viendra quand même où son vœu se réalisera (p. 321).

Il n'est pas sûr que la petite république d'Autriche prenne le chemin indiqué par Cramon et que le maréchal Conrad n'eût conseillé que comme un pis-aller dans la détresse. Elle contribuerait mieux à assurer la paix européenne en se joignant à la Petite

Entente sur qui semble reposer l'espoir principal de la civilisation dans le Sud-Est de l'Europe. Mais il ne faut pas demander à un général allemand, même intelligent, d'avoir le sens des individualités nationales, ni de leur droit à subsister en dehors des vastes empires du passé, fondés par la conquête et maintenus par la force.

Ces réserves faites sur la valeur des jugements politiques de l'auteur ne nous empêcheront pas de reconnaître l'intérêt de son témoignage direct et vécu. Il esquisse pour la première fois l'histoire du commandement austro-hongrois pendant la guerre et des rapports difficiles de ce commandement avec les commandements alliés, allemand, turc et bulgare. Les croquis qui illustrent la manœuvre de Gorlice-Tarnow, la campagne de Serbie et celle de Roumanie (1916), la bataille de Loutsk (1916) et celle de Tolmino (1917) apportent des précisions intéressantes à l'histoire des opérations.

GENEVIÈVE BIANQUIS.

LES

DÉBUTS DE LA GUERRE ET DE LA RÉVOLUTION

EN RUSSIE

D'APRÈS DES OUVRAGES RÉCENTS

Le nombre des ouvrages publiés sur la Russie dans toutes les langues de l'Europe depuis la Révolution de 1917 est si prodigieux que le bibliographe le plus intrépide hésiterait à les recenser. Il va sans dire que les trois quarts au moins de cette surabondante production n'ont d'intérêt que pour les statisticiens et ne justifient pas l'honneur d'un compte rendu. Mais cette élimination une fois faite, il reste encore une douzaine de témoignages qui méritent à des degrés divers de retenir l'attention. L'année 1921 a vu paraître trois ouvrages particulièrement importants qui s'imposent par la personnalité et le talent de leurs auteurs et qu'il est instructif de confronter : ce sont les *Mémoires* du comte Witte [1], *La Russie des tsars pendant la grande guerre* de M. Paléologue [2] et les *Mémoires de Russie* de M. Legras [3].

I

On sait l'importance du rôle joué par Serge Witte sous les règnes des tsars Alexandre III et Nicolas II. Aussi ses *Mémoires* seraient-ils une source historique de prémier ordre s'ils étaient absolument sincères — malheureusement ce n'est d'un bout à l'autre qu'un

1. *Mémoires du comte Witte*, Plon-Nourrit, 1921, 389 pp. in-8.
2. M. Paléologue, *La Russie des Tsars pendant la grande guerre*, Plon-Nourrit, 1921, 372 pp. in-8.
3. Legras, *Mémoires de Russie*, Payot, 1921, 449 pp. in-8.

plaidoyer *pro domo* — et surtout si leur authenticité n'était pas sujette à caution. La publication dont on nous offre une traduction française est-elle la reproduction fidèle et intégrale du manuscrit que l'homme d'État avait prudemment mis à l'abri des perquisitions dans le coffre-fort d'une banque de Bayonne? Des doutes ont été émis à ce sujet et il se peut que l'original ait été tronqué ou altéré.

Serge Witte était d'origine allemande : ce qui explique dans une large mesure certains traits de son caractère énergique, de son esprit précis, aussi différent que possible du tempérament slave et aussi ses prédilections politiques. Il était cousin de la célèbre théosophe Mme Blavatski dont il dépeint assez crûment la jeunesse aventureuse et les avatars peu édifiants; devenue vieille et obèse, elle séduisait encore par ses yeux bleus magnétiques qui exerçaient la même attraction mystérieuse que les prunelles de Raspoutine. A la mort de son père, le jeune Witte se trouva ruiné et dut gagner sa vie en entrant dans l'administration des chemins de fer. De simple chef de gare il s'éleva par son seul mérite au poste de ministre des Voies de communication, puis de ministre des Finances

C'est à son habileté d'administrateur et de financier que la Russie doit la prospérité économique dont elle jouissait avant la désastreuse guerre russo-japonaise : il profita des emprunts en France et du produit du monopole de la vente de la vodka pour rétablir l'équilibre du budget, assainir la monnaie en introduisant l'étalon d'or, donner une vive impulsion aux grands travaux publics et notamment à la construction du Transsibérien.

Résolument hostile à un conflit armé avec le Japon qui risquait d'anéantir ou de compromettre ces résultats, il dut céder à l'influence toute puissante de la coterie militariste qui envisageait une guerre extérieure comme le meilleur moyen de mater ou d'étouffer en germe la Révolution intérieure. « Nous avons besoin, disaient les généraux, d'une petite guerre victorieuse pour arrêter la marée révolutionnaire. » On sait par quels désastres finit cette promenade militaire en Mandchourie.

C'est à Witte qui avait énergiquement déconseillé cette lamentable aventure que le tsar s'adressa pour la liquider au mieux des intérêts de la Russie. Nommé plénipotentiaire, il conduisit fort adroitement les pourparlers de paix avec le Japon, réussit à retour ner en sa faveur l'opinion américaine et obtint par la paix de Portsmouth que le vainqueur renonçât à exiger toute indemnité de guerre.

A la suite de ce succès inespéré, Nicolas II se trouva moralement obligé de le récompenser en lui accordant le titre de comte. Mais Witte qui avait eu l'entière confiance d'Alexandre III sentait bien que le nouveau tsar ne l'aimait guère. Caractère essentiellement féminin, incapable de jouer franc jeu, cherchant toujours des moyens détournés et des voies souterraines, Nicolas II contrecarrait sans cesse sa politique par des notes secrètes. L'impératrice lui était encore plus hostile. Witte la peint comme une hystérique et une déséquilibrée. « Elle aurait été, dit-il dédaigneusement, assez convenable pour un petit prince allemand et elle fût restée inoffensive, même comme impératrice de Russie si, par une conjoncture lamentable, l'empereur n'eût manqué totalement de volonté. »

L'antipathie du couple impérial s'accentua après la Révolution de 1905. Nicolas II craignait que Witte, dont la popularité l'inquiétait et dont l'énergie lui faisait peur, ne le détrônât et ne devînt président de la République russe. Aussi s'arrangea-t-il de façon à l'écarter des affaires, et le vieil homme d'État passa les dernières années de sa vie dans une opposition bougonne et hargneuse. Il accable de son mépris ses successeurs aux Finances et aux Affaires Étrangères : Stolypine, Sazonov, Kokovtsov qu'il considère comme de médiocres épigones.

La guerre de 1914 le trouva aussi hostile que la guerre russo-japonaise de 1905. Il était intimement germanophile et son idéal était une alliance entre la Russie et l'Allemagne où il aurait voulu entraîner la France. Il estimait que la Russie n'avait rien à gagner à cette guerre, même victorieuse et il ne se cachait pas pour dire dès 1915 qu'il fallait « liquider au plus tôt cette stupide aventure ». Il escomptait sans doute un retour au pouvoir après les premiers désastres : mais la mort ne lui permit pas de recommencer ses prouesses de Portsmouth. Sa disparition fut un soulagement pour Nicolas II et pour les ambassadeurs de l'Entente qui le considéraient comme un redoutable foyer d'intrigues.

Ces Mémoires qui touchent à tant de questions intéressantes sont malheureusement desservis par une traduction hâtive et défectueuse. Il eût été loyal de la part du traducteur d'avouer qu'il n'a pas travaillé sur l'original russe, mais que son livre est la traduction d'une traduction. A qui espère-t-il donner le change ? Sa supercherie se décèle à de multiples indices qui sautent aux yeux des lecteurs les moins attentifs : c'est ainsi que toutes les transcriptions de noms russes sont des transcriptions anglaises : Naryshkin, Sheremetiev, etc. Un Français écrirait Narychkine, Cheremetiev. Mais ce qui est vraiment un comble, c'est de parler à propos des affaires de Chine[1] « de l'impératrice Dowager » qui est tout simplement l'équivalent anglais de *douairière*. Cette fâcheuse inadvertance démontre d'une façon plaisante que le traducteur du comte Witte n'entend le russe que par le truchement de l'anglais.

Le pis est que sa connaissance de la langue française laisse beaucoup à désirer. Qu'on en juge par ces deux ou trois extraits. P. 179. Depuis que Philippe n'avait pas réussi à obtenir un diplôme en France, l'Académie médicale de Saint-Pétersbourg fut forcée de lui accorder le titre de docteur en médecine. — P. 199. Cela est aussi avéré que l'assertion à propos de l'Allemagne lorsqu'on dit qu'elle dut sa victoire sur la France en 1870 grâce à son système scolaire. — P. 222. La guerre a complètement sapé les systèmes vitaux du régime. — Nous pourrions multiplier ces exemples. On nous dira que les Mémoires de Witte ne sont pas un ouvrage littéraire et que le sens seul importe. Mais rien ne saurait excuser un pareil jargon.

II

Les Mémoires de M. Paléologue partent à peu près du point où s'arrêtent les Mémoires de Witte. Le premier volume, qui sera suivi prochainement d'un autre en cours de publication dans la *Revue des Deux-Mondes*, commence en juillet 1914, c'est-à-dire à la veille de la déclaration de guerre, pour s'achever en juin 1915 sur les sinistres prédictions du grand industriel Poutilov annonçant la Révolution inévitable.

Ambassadeur de France pendant cette période tragique, M Paléologue était admirablement placé pour observer des premières loges les réactions de la grande guerre sur l'empereur et la famille impériale, sur les milieux officiels, diplomatiques ou bureaucratiques.

1. P. 93.

L'inconvénient de ce poste élevé qui lui permettait non seulement d'assister, mais encore de participer aux événements, c'est que son champ d'observation était limité à Pétersbourg et à Tsarskoe-Selo, qu'à Pétersbourg même il était obligé de ne fréquenter au moins ouvertement que certains milieux pour ne pas froisser la susceptibilité ou éveiller les soupçons du gouvernement auprès duquel il était accrédité. Enfin il est possible que même après la chute du gouvernement tsariste et l'extermination de la famille impériale, il se juge moralement tenu de garder sur les personnages qu'il a coudoyés, sur les événements auxquels il a été mêlé une certaine réserve diplomatique à laquelle un observateur plus modeste ne se croirait pas astreint.

Quoi qu'il en soit, ce témoignage qui est toujours véridique, même quand il est réticent, présente un intérêt de premier ordre et tous les historiens de la Russie devront désormais en faire état. M. Paléologue raconte avec émotion la visite du Président de la République au tsar à la veille de la catastrophe, puis les efforts tentés par les diplomates alliés pour détourner la menace germanique. Mais déjà « la machine roulait » et rien ne pouvait l'arrêter. Après la mobilisation, l'enthousiasme patriotique du début, les grands espoirs viennent de grands désastres, la crise des munitions, l'antagonisme croissant entre un gouvernement incapable et un peuple qui aspire à rejeter ses entraves séculaires. L'auteur nous fait ainsi comprendre le sourd travail qui s'opère jour après jour dans cette masse amorphe et inerte et cette fermentation des esprits qui précède les grandes explosions révolutionnaires.

Si la suite des événement nous est connue par d'autres sources, M. Paléologue nous fait pénétrer plus avant dans l'intimité des protagonistes du drame qu'il a personnellement connus. Il nous trace des portraits pénétrants du tsar Nicolas II, nature faible, sans énergie et sans ressort, qui se croit poursuivi par la malchance parce qu'il ne sait pas mettre les chances de son côté, de sa femme et de sa belle-sœur, la grande-duchesse Elisabeth, qu'un même penchant au mysticisme jette l'une dans un cloître, l'autre aux pieds du thaumaturge érotomane Raspoutine.

Tout en conservant à son récit l'allure un peu décousue mais vivante d'un journal, l'auteur a cru bon de l'étoffer par une série de dissertations très substantielles sur la religion, la musique, la psychologie du peuple russe qui attestent l'ouverture de son esprit et l'étendue de son information. Il ne se contente pas de reproduire la succession des faits ; il s'efforce toujours de remonter jusqu'à leurs causes profondes et de les interpréter par la connaissance du passé.

Mais le grand charme de ce livre, c'est qu'il révèle, outre une intelligence lucide, un don qui manque absolument aux Mémoires d'un politicien réaliste tel que Witte : une sensibilité d'artiste apte à goûter et à traduire le pittoresque ou l'émouvante beauté des spectacles de la nature, de l'art et de la vie. L'œil de peintre de M. Paléologue jouit des sillages d'argent clair que laissent les cuirassés dans le golfe de Finlande, de « la clarté soyeuse qui coule à travers les ramures touffues et luisantes des grands chênes » : ce diplomate est un lettré qui vibre et s'exalte devant la beauté de Moscou et de Pétersbourg comme jadis à Rome et à Pékin.

Ces préoccupations d'artiste s'affirment jusque dans la présentation de cet ouvrage qu'il ne s'est pas contenté d'illustrer de vulgaires photographies, mais qu'il a voulu parer de quelques reproductions en couleurs d'aquarelles commandées tout exprès à un jeune architecte russe de grand talent : M. Georges Loukomski.

Que M. Paléologue me permette en finissant une petite chicane.

La transcription des mots russes est loin d'être fixée *ne varietur* et l'on peut adopter et admettre deux ou trois systèmes qui sont également légitimes, suivant qu'on choisit de rendre l'orthographe ou la prononciation, suivant qu'on a recours comme la plupart des linguistes à l'alphabet des peuples slaves écrivant en caractères latins tels que les Tchèques et les Polonais ou qu'on cherche des équivalents conformes à l'usage français. Mais ce qu'il faut en tout cas proscrire impitoyablement, ce sont des transcriptions telles que u au lieu de ou (ukaze), z au lieu de ts (zerkownaïa), w au lieu de v (Newa) qui, pour usuelles qu'elles soient, n'en sont pas moins des germanismes inconscients. C'est parce que nous avons été trop longtemps accoutumés à étudier la Russie à travers l'Allemagne que nous écrivons Romanow ou Newa : orthographe qui n'a de raison d'être que dans une langue où le v a la valeur d'un f. Il est hors de doute qu'il faut transcrire en français Romanov, Neva, etc., et je ne vois pas bien comment M. Paléologue peut justifier l'illogisme de transcriptions telles que Souvorow, Kokovtsow où la même lettre russe est rendue dans le même mot alternativement par un v et un w.

III

Les *Mémoires de Russie* de M. Legras qui se continueront par des *Mémoires de Sibérie* contrastent de la façon la plus frappante avec les Souvenirs de M. Paléologue. Les deux témoignages se réfèrent à peu près à la même période : mais les points de vue n'ont rien de commun. Russisant notoire, connaissant à fond et de longue date la langue et le pays qu'il a exploré dans tous les sens depuis vingt-cinq ans, M. Legras, professeur à l'Université de Dijon, consentit avec une méritoire abnégation à se laisser verser pendant la guerre dans l'armée russe avec le grade modeste de lieutenant, et c'est en cette qualité qu'il put prendre un contact étroit avec l'armée russe, d'abord comme conférencier, puis comme officier d'État-Major. Le champ d'observation d'un lieutenant sur le front est évidemment très différent de celui d'un ambassadeur à Pétersbourg. Mais on croira sans peine que le témoignage sincère d'un observateur mêlé d'aussi près aux réalités quotidiennes n'est pas moins précieux que les vues à vol d'oiseau d'un diplomate. Ces deux livres se complètent à merveille et si celui de M. Legras nous introduit dans des sphères moins élevées, il a l'avantage que confèrent une familiarité plus ancienne et plus intime avec le milieu et aussi peut-être une plus grande liberté d'appréciation.

Bien que la sympathie de M. Legras pour la Russie ne fasse pas de doute, son livre a par endroits la sévérité d'un réquisitoire. S'il n'avait pas un caractère autobiographique qui justifie le titre de *Mémoires*, il pourrait être intitulé fort exactement : *La décomposition de l'armée russe*. C'est une analyse très pénétrante et très poussée de toutes les causes d'ordre national et d'ordre plus particulièrement militaire qui ont amené la dissolution de la magnifique armée qui était partie en campagne, au milieu de l'enthousiasme général, en août 1914.

Cette étude n'a rien de systématique : l'auteur raconte tout uniment ses expériences sur le front et dans les différents États-Majors auxquels il fut successivement affecté pour organiser le service de renseignements. Il constate partout, à côté de certains efforts d'organisation heureux, émanant presque toujours de l'initiative des Unions des Zemstvos et des Villes et non de l'administration militaire, la même incurie des officiers, fâcheusement dépourvus de tout sentiment de la responsabilité et du devoir quotidien, l'absence de méthode, de régularité dans le travail, l'antagonisme croissant entre le commandement et la troupe considérée comme une caste inférieure de parias. Toutes ces causes, jointes à l'insuffisance de la préparation matérielle, à la pénurie tragique de fusils et de munitions d'artillerie, n'expliquent que trop la lassitude, le dégoût, le besoin de paix à tout prix qui allaient être habilement exploités par les bolchevistes pour déclancher la révolution. L'ordre qui régnait en Russie depuis Pierre le Grand était superficiel et artificiel Le tsar disparu, conclut M. Legras, l'équilibre instable a été rompu.

La valeur de ce livre remarquable réside moins dans ses conclusions que dans la multitude de petits faits révélateurs qui éclairent à chaque page l'âme du peuple russe sur lequel M. Legras s'est penché, non pas avec la curiosité amusée du dilettante en quête d'impressions rares, mais avec la clairvoyante sympathie d'un ami sincère. Le meilleur éloge qu'on puisse faire de ce livre vécu, c'est que, pour employer une expression chère aux Russes, il est profondément *humain*.

Louis Réau.

CONTRIBUTION DE L'ITALIE
A
L'HISTOIRE DE LA GUERRE MONDIALE

Monsieur le Directeur,

Vous me demandez d'indiquer et d'exposer aux lecteurs de la *Revue de Synthèse historique* la contribution que les travailleurs italiens ont fournie à l'histoire de la *Guerre mondiale*. C'est avec une profonde humiliation que je dois déclarer que cette contribution est, jusqu'ici, absolument insuffisante. Il y a de ce fait plusieurs raisons; mais deux de celles-ci me paraissent dominantes. L'une est que le « professeur » italien, c'est-à-dire le travailleur qui fait de l'histoire, est, chez nous, en général, un homme qui aime vivre en dehors du temps présent (certaines revues italiennes excluaient jusqu'à hier de leurs préoccupations la période d'histoire qui va de 1870 à aujourd'hui); dès lors, s'il a vécu, avec le cœur, dans un sentiment patriotique, la période de la grande guerre, il est ensuite, une fois la guerre finie, volontairement retombé dans ses limbes traditionnels, il est revenu à ses études, dont il croit que l'objet est seulement *le passé*. L'autre raison est que, à mon avis, notre conscience nationale s'est sentie, après le traité de paix de 1919, comme en dehors du cercle de sentiments, de passions et d'idées dont la *guerre mondiale* s'est nourrie, et, par suite, celle-ci a perdu tout intérêt pour elle. Et ainsi, peu à peu, sont arrivés à disparaître (ou bien ils ont eux-mêmes suspendu leur propre activité) les organismes institués pour préparer l'histoire de la guerre, et qui avaient été créées pendant la guerre elle-même : et l'« Office historique du ministère de la guerre »[1] et la section spéciale

1. Cf. mon article sur *Le Bureau historiographique de la mobilisation italienne* dans le *Bibliographe moderne*, janvier-juin 1918-19. (*N. d. T.*)

annexée à la « Bibliothèque du Risorgimento », aujourd'hui recueillie par la « Bibliothèque Victor-Emmanuel » à Rome.

Les quelques livres qui ont été publiés en Italie sur des sujets se rattachant à la question concernent seulement les rapports directs qui existent entre la *Guerre mondiale* et la guerre italienne, et même, uniquement, les événements militaires de celle-ci. L'un des problèmes qui nous ont particulièrement obsédés est celui-ci : comment la guerre sur notre front, qui a débuté au milieu d'un si grand enthousiasme et sous de si heureux auspices, et qui s'est terminée à Vittorio Veneto de si glorieuse façon (quoique — pourquoi ne pas le dire? — cette victoire n'ait pas été accueillie avec un enthousiasme excessif chez nos alliés [1]); comment cette noble guerre a-t-elle dû, à un moment donné, traverser la fatale parenthèse de Caporetto? Comment est-on arrivé à Caporetto? C'est là un terrible problème qui a angoissé et tourmenté de nombreux écrivains militaires et politiques italiens. On a ainsi vu paraître les volumes du colonel E. Barone, *La storia militare della nostra guerra fino a Caporetto* (Bari, Laterza, 1919); des généraux L. Capello, *Per la Veritá* et *Note di guerra* (Milan, Treves), E. Viganò, *La nostra guerra, come fu preparata e come è stata condotta fino al novembre 1917* (Florence, Le Monnier, 1920), L. Marazzi, *Luci ed ombre della nostra guerra* (Milan, Casa ed. Risorgimento, 1921); enfin les deux volumes de l'ex-généralissime Luigi Cadorna, *Memorie di guerra* (Milan, Treves, 1921).

Comme il apparaît par cette liste, tous ces volumes ont un double défaut originel. Ils ont été écrits par des généraux ou des militaires, parties intéressées dans la question, et ils considèrent presque exclusivement les événements militaires d'une phase unique de notre guerre. Le seul livre, d'un mérite supérieur à celui de tous les autres, qui se tienne à l'écart de cette préoccupation, d'ordre ou apologétique ou critique, et qui peut vraiment être défini comme une histoire militaire complète de notre guerre, est *La guerra italo-austriaca* d'Aldo Valori (Bologne, Zanichelli, 1921). Aldo Valori n'est pas un général, c'est un journaliste, comme l'un des meilleurs critiques militaires français : Henry Bidou. Comme la guerre n'est pas du tout un logo-

1. On se rappelle, à cet égard, l'article anonyme de la *Revue des Deux-Mondes* du 15 juillet 1920 (*La fin d'une légende*). Il y a été répondu fort heureusement par le sénateur Mazzoni, *Il maresciallo Foch in Italia*, dans *Nuova Antologia*, décembre 1920.

griphe, mais un problème qui se pose devant l'intelligence, le bon sens, la culture, Aldo Valori, naguère critique militaire du *Resto del Carlino* de Bologne, pendant la période de guerre, est arrivé à écrire sur la guerre italienne le meilleur volume dont nous puissions nous vanter. Toutefois, lui aussi, il a isolé presque complètement les événements militaires italiens du reste des événements politiques, d'Italie ou d'Europe, et, dès lors, n'a pu nous fournir qu'un type spécial de contribution historique.

***

Les livres que j'ai jusqu'à présent signalés sont les plus considérables de ceux par lesquels l'Italie a contribué à l'histoire de notre guerre. Mais, sur le triste épisode de Caporetto, les Italiens, pour ainsi dire entraînés par une volonté cruelle et tenaillante, que faisait surgir en eux un inapaisable chagrin intérieur, ont longuement écrit dans les journaux et les revues, en s'inspirant des vues les plus diverses, militaires, politiques, éthiques.

Il y a peu de temps il a paru dans la *Rivista d'Italia* (15 février 1922) un article du général Dante Formentini, *Caporetto*, qui tente de reconstituer ces journées fatales. Mais nous avions déjà aussi, entr'autres, d'un *Cittadino Veneto* [N. Pappafava] un essai, également intitulé *Caporetto* (Florence, *La Voce*, 1920)[1], du général A. Cavaciocchi, *Intorno alle cause della rotta di Caporetto* (dans *Vita Italiana*, 15 décembre 1919), de M. E. M. Gray, *Il processo di Cadorna* (Florence, Bemporad, 1920). Et M. G. Prezzolini, écrivain bien connu en France, a fait de Caporetto le sujet d'un petit livre exquis et suggestif (*Caporetto*, *La Voce*, 1919)[2].

Par comparaison, la contribution historique de l'Italie sur la phase la plus glorieuse de notre guerre est très peu abondante. En dehors de quelques pages dans certaines des œuvres plus haut citées, nous ne possédons que les *Relazioni ufficiali* du Commandement suprême de l'Armée sur les deux batailles mémorables du Piave (juin 1918) et de Vittorio Veneto (novembre 1918) et un alerte exposé de cette dernière bataille par le général E. Caviglia,

1. Maintenant republié in N. Pappafava, *Appunti militari*, Ferrare, Taddei, 1921.
2. Cf. mon *Bulletin Historique* de la *Revue Historique*, 1920, touchant cet ouvrage, et quelques autres. (*N. d. T.*)

Vittorio Veneto (Milan, *L'Eroica*, 1920)[1]. Cette disproportion d'intérêt et de travaux est révélatrice de celte curieuse âme italienne, qui tend plutôt à se replier sur ses propres douleurs qu'à s'exalter sur ses propres succès.

Prezzolini a écrit aussi sur *Vittorio Veneto* (Florence, *La Voce*, 1921), mais avec des préoccupations, non pas historiques, mais politiques et morales. Prezzolini a été l'un des écrivains qui ont combattu parmi nous, avec le plus de ténacité, contre l'idée d'annexer la Dalmatie à l'Italie, comme le Traité de Londres de 1915 l'avait stipulé. Aussi voici sa thèse : la défaite de Caporetto a marqué le début d'une grande résurrection morale en Italie; le triomphe militaire de Vittorio Veneto, en réveillant les fantômes (à son avis bien dignes de blâme) d'un prétendu nationalisme, a marqué le début de notre défaite morale.

Mais les lecteurs de la *Revue de Synthèse historique* pourront aussi me demander : « Vous qui constatez si durement le mal, vous qui participez au mouvement historique italien, que faites-vous, que pensez-vous faire à propos du sujet en question ? »

Je pourrais discuter certaines des prémisses de mon imaginaire contradicteur. Je préfère répondre à la dernière demande. La *Nuova Rivista Storica* avait tout d'abord commencé un Bulletin bibliographique des publications italiennes sur notre guerre. Les premiers articles sont contenus dans le fascicule I de la première année (1917), IV de la seconde (1918), V-VI de la troisième (1919). Mais on a limité la revue aux publications de 1914-16 pour deux raisons : d'abord, parce qu'elle offrait extrêmement peu d'intérêt à ses lecteurs, ensuite parce que les écrits qu'elle avait à enregistrer étaient bien minces, trop souvent il convenait de dire bien vides. Aussi, bien que tous les matériaux bibliographiques fussent prêts également pour les années suivantes, on arrêta et on suspendit la publication.

Nous nous proposons aujourd'hui de commencer, — avec des préoccupations absolument objectives (*scientifiques*, comme on a

1. Sur la bataille du Piave, cf. colonel R. Corselli, *La battaglia del Piave, studio storico-militare*, Palerme, Garibaldi, 1921, in-8°. (*N. d. T.*)

coutume de dire par erreur) — la publication d'une série d'études sur plusieurs des problèmes, politiques et militaires, de la *guerre mondiale*, ainsi que de revues et de discussions sur des publications étrangères, particulièrement sur celles qui sont le moins accessibles à notre culture (je veux parler des publications allemandes) touchant la *Guerre mondiale*. Le signataire de cette lettre s'occupera, par exemple, des origines de la guerre. Et juste au moment où j'écris ces lignes, je suis entouré par des murailles de volumes et documents diplomatiques émanés de tous les pays, de mémoires, opuscules, illustrations, polémiques, etc., etc. Nous chercherons à conduire l'attention de nos savants vers un horizon d'observation plus large, à les intéresser à de nombreuses questions qui agitent actuellement l'opinion des historiens en France, en Allemagne, en Russie. Je ne sais point si nous y arriverons, car, comme vous le savez parfaitement, pour réussir, il faut être favorisé par la condition intellectuelle du milieu. Je vous assure du moins que nous le tenterons.

En regrettant de ne pouvoir vous fournir une moisson plus abondante de renseignements pour votre si intéressante enquête et en vous remerciant de l'honneur que vous m'avez fait, je vous prie de me croire, etc. [1].

CORRADO BARBAGALLO.

(Traduit par Georges BOURGIN.)

1. Aux indications fournies par M. Barbagallo, il ne trouvera pas mauvais que j'ajoute les suivantes. Un guide élémentaire pour l'histoire de la guerre nous est fourni par M. N. RODOLICO, *L'Italia e la guerra. Sommario storico per la gioventù italiana* (Florence, Bemporad [1920], in-16) ; un autre a été élaboré par M. G. CAPRINI, *Sommario storico della guerra universale* (Florence, Barbera, 1921, in-8°). Des revues bibliographiques ont été publiées ailleurs que dans l'excellente *Nuova rivista storica* ; nous signalerons, en particulier, sur l'œuvre des Comités de préparation et d'assistance civile, la contribution de M. G. FALCO (*Archivio storico itàliano*, nos 293-4, 1919, pp. 168-198). D'autre part, l'« Ufficio storico della Marina italiana », à l'activité duquel j'ai tout lieu d'admettre que M. P. Silva, professeur d'histoire à l'Académie navale de Livourne, n'est pas étranger, semble avoir entrepris des travaux sur lesquels les revues (en particulier la *Rivista marittima*, *passim*) et les journaux (cf. *Corriere della Sera*, 16 octobre 1921) nous donnent quelques renseignements. Il y a lieu de rappeler également que c'est à Milan que la grande revue de synthèse dirigée par M. E. RIGNANO, *Scientia*, a pu entreprendre, pendant la guerre même, une grande enquête sur celle-ci. Enfin, il y a, en Italie, un type de publications qui fait défaut en France et qui a des avantages, même au point de vue historique, alors même qu'elles ne sont établies par des historiens de profession et visent des buts non « scientifiques », c'est l'anthologie. M. G. PREZZOLINI en avait établi une dès 1918 (*Tutta la guerra*, Florence, Bemporad, [1918], in-16) ; nous citerons également *L'Antologia della nostra guerra* de M. C. CULCASI (Milan, Albrighi, Segati e C., 1920, in-16). (*N. d. T.*)

LA CONTRIBUTION DE LA POLOGNE

A L'HISTOIRE DE LA GUERRE

La situation historique de la Pologne a eu pour conséquence qu'elle n'est point intervenue dès les premiers jours de la guerre, comme facteur indépendant et jouant dans ce drame mondial un rôle aussi important que les autres nations européennes. La nation polonaise, démembrée par les partages, du fait que les puissances copartageantes étaient aux prises entre elles, se trouva entraînée dans l'orbite de leurs intérêts divers. L'effort que tenta Joseph Pilsudski, en août 1914, pour faire surgir la Pologne sur l'arène politique, en tant qu'élément distinct et bien déterminé, devait échouer par suite des conditions politiques et militaires de l'heure. Néanmoins, cette initiative d'entreprendre, au moment où la guerre européenne était déclenchée, une guerre pour l'indépendance de la Pologne, a eu pour effet que Pilsudski devint, – avec la partie de la nation polonaise qui, restée au pays, s'est ralliée à son programme, — le facteur qui fit reprendre à la cause polonaise son caractère de problème international, et qui, partant, dirigea la nation polonaise, jusqu'alors simple témoin ou bien instrument aux mains de tiers, dans la voie de la politique active.

La politique de Pilsudski, caractérisée par un esprit de suite rigoureux, — à la suite d'événements dont les uns se prêtaient au développement de son idée, tandis que d'autres l'entravaient, — a accompli son évolution et a fini par atteindre l'objectif visé — la restauration de l'État polonais. C'est précisément à cet « activisme » de la politique polonaise — à la fois dans le pays et au dehors, grâce aux émigrés, — que l'État polonais est redevable d'avoir retrouvé son importance : ce qui lui assura sa page distincte dans l'histoire de la guerre mondiale.

L'histoire de cette guerre, envisagée au point de vue de la participation de la Pologne, doit être divisée en deux périodes essentielles : la première, — depuis la déclaration de la guerre jusqu'à la défaite de l'Allemagne, — période pendant laquelle la Pologne poursuit la lutte pour son indépendance et la conquiert pas à pas ; la deuxième, — depuis la défaite de l'Allemagne jusqu'à la signature du Traité de Riga, — période où la Pologne, ayant reconquis son indépendance, reprend en même temps son rôle de puissance parmi les nations de l'Europe, et affermit son existence en tant qu'État indépendant par une guerre qui a pour objet de défendre son intégrité. C'est donc à la Pologne qu'incomba le lot de jouer le dernier acte du drame et de liquider par une solution heureuse le cataclysme mondial.

En connexion avec ces deux périodes, l'histoire de la grande guerre se divise, *au point de vue polonais*, en deux phases : 1° la dernière lutte pour l'indépendance, lutte militaire aussi bien que politique, et la conquête de cette indépendance ; 2° la défense de l'indépendance reconquise et la consolidation de la situation internationale de la Pologne.

Les études relatives à l'histoire de la guerre de 1914-1921 doivent être divisées de la même manière. Les études ayant trait à la première période sont en corrélation avec toute une série de facteurs internationaux, pas toujours élucidés, et de sources, jusqu'à présent peu accessibles ; aussi ne pourront-elles, probablement, pas être organisées de sitôt, et partant le jugement définitif sur les événements ne pourra pas non plus être porté dans un proche avenir.

La deuxième période, par contre, présentant pour la Pologne un aspect plus homogène, est propre à tenter davantage l'historien de nos jours. C'est ce qui explique le fait que les travaux afférents à la deuxième période de la guerre sont plus objectifs, se prêtent plus volontiers à la synthèse historique, et que la littérature en est plus abondante.

Cela ne veut point dire qu'on ne se rende pas compte en Pologne de la grande importance de l'histoire de la guerre mondiale, traitée dans son ensemble.

Au contraire, presque dès le début de la guerre nous sommes

témoins d'une activité en vue d'organiser ces recherches et de rendre possible sa tâche à l'historien futur. Les Sociétés savantes et les savants polonais ont conçu l'idée de créer une institution qui se proposerait de recueillir les sources et matériaux courants, ayant trait à la guerre. Déjà en automne 1914 l'initiative se fit jour d'instituer les *Archives Polonaises de la Guerre* (P. A. W), et en janvier 1915 cette institution commença à fonctionner. La tâche principale des P. A. W. était de rassembler tous les matériaux imprimés ou manuscrits, concernant les événements de l'époque et, en particulier, concernant la participation des Polonais à la guerre mondiale, ainsi que la cause polonaise en général. Cette institution, d'abord privée, ensuite officieuse, a, dès les premiers jours de son existence, manifesté beaucoup d'énergie et d'esprit d'initiative; des sections furent constituées dans tous les centres principaux du pays, ainsi que dans plusieurs villes importantes de l'étranger, entre autres dans plusieurs capitales. Les matériaux, extrêmement précieux et sans cesse complétés, recueillis au prix d'efforts ardus, ont été concentrés à Cracovie et à Varsovie et transmis au Gouvernement Polonais.

Actuellement les collections des P. A. W. ont été classées et réparties parmi les institutions de l'État intéressées : la Bibliothèque du Ministère de la Guerre a reçu les livres, les journaux, les brochures volantes ; le Musée de l'Armée a été doté de toutes les pièces de musée, enfin la section des Archives de l'État du Ministère de l'Instruction publique — de toutes les pièces d'archives de caractère administratif.

La deuxième institution se proposant les recherches historiques sur la dernière guerre, c'est la *Bibliothèque militaire centrale* (C. B. W.) constituée en 1915 à Varsovie auprès de l'organisation militaire Polonaise, clandestine à cette époque (P. O. W.).

Cette Bibliothèque transférée à la Commission militaire du Conseil d'État provisoire (en 1917), passa successivement à l'Institut (Département de la Science militaire de l'État-major général), et au Département Scientifique et Scolaire du Ministère de la Guerre, dont elle constitue une section autonome (IV).

Les collections de la Bibliothèque centrale militaire comptent, suivant le dernier compte rendu mensuel :

1° Objets catalogués et inventoriés :

a) 28.396 ouvrages en 41.610 volumes ;

b) 756 cartes sur 6.407 feuilles ;

c) 2.541 duplicata en 10.173 volumes ;

2° Environ 30.000 volumes non catalogués et non inventoriés ;

3° En 1922, la Bibliothèque militaire centrale s'accroîtra d'une partie des Archives Polonaises de la guerre (voir plus haut).

Viennent ensuite les *Archives militaires centrales* (C. A. W.) constituées en novembre 1918, en tant que section du Département de la Science militaire de l'État-Major général, et embrassant d'abord les actes du 1er Corps Polonais du général Dowbor-Musnicki, formé en Russie après la Révolution de 1917, les actes de la Force Armée Polonaise, organisée par le Conseil d'État provisoire en 1917, des actes abandonnés par les autorités allemandes d'occupation dans divers offices, et enfin les actes des Archives russes de l'ancien État-major de la circonscription militaire de Varsovie, se trouvant dans le fort « Vladimir » de la Citadelle de Varsovie. Les actes des Archives russes, très incomplets du fait de l'évacuation hâtive des autorités russes en 1915, et ayant ensuite été partiellement détruits lors de l'occupation allemande, exigeaient qu'on y apportât beaucoup de travail pour les reconstruire, ne fût-ce qu'en partie.

Peu à peu, les collections des Archives militaires centrales s'enrichissent par l'acquisition des actes des « Corps Polonais de l'Est » (constitués en Russie), de ceux des Légions Polonaises formées par Pilsudski (en Pologne), de ceux de l'armée du général Haller (en France), et successivement de lots plus ou moins considérables d'actes de différentes unités militaires, à la suite de leur suppression.

A mesure que l'armée passait à son organisation de paix, et que les commandements datant de l'époque de la guerre étaient dissous, il affluait, et il afflue encore à l'heure qu'il est, des actes des commandements supprimés, — constituant la section des actes des troupes polonaises, à partir de novembre 1918, — et séparément des dossiers des tribunaux militaires. En outre, ont été répartis en sections distinctes les actes abandonnés par les anciennes autorités russes, allemandes et autrichiennes, etc.

Il serait difficile d'évaluer aujourd'hui avec un peu de précision l'état des collections des Archives militaires centrales, étant donné que, d'une part, une grande quantité de documents laissés par les autorités d'occupation n'ont pas encore pu être classés, ni dénombrés exactement; que, d'autre part, dernièrement, un nombre fort considérable d'actes des diverses armées, actuellement liquidées, sont venus presque simultanément enrichir les archives, de sorte qu'il n'a pas été possible de les inventorier jusqu'à présent. Approximativement, si on prend pour base l'évaluation des transports, ces archives comptent jusqu'à 15 wagons, 226 caisses, 140 colis de documents et plus de 250.000 fascicules.

***

Tout le travail de recherches sur l'Histoire de la guerre se concentre dans les institutions et organisations spécialement créées à cet effet.

Dès 1915 les travaux dans ce domaine furent entrepris par le *Département militaire du Comité national suprême* à Piotrkow, sous la direction de l'historien éminent de l'Armée Polonaise, le colonel Waclaw Tokarz, docteur ès lettres, professeur à l'Université de Cracovie. Celui-ci continua ces travaux dans la *Commission militaire du Conseil d'État provisoire du royaume de Pologne*, et enfin à l'*Institut scientifique d'édition du Ministère de la Guerre* qui lui fut confié.

Les résultats de ses efforts sont une série de publications de sources, soit paraissant sous la forme de volumes distincts, soit insérées dans la revue mensuelle spéciale, *Bellona*, qu'il dirige et qui a été fondée en 1918.

En vue d'entamer les travaux de recherches spéciales sur la guerre polono-russe de 1918-21, et, en première ligne, afin d'organiser une activité ayant pour but de recueillir et de conserver toutes sortes de matériaux courants, pendant la campagne surtout, fut créée en 1919 près le Département III des opérations militaires de l'État-major général, la *Section historique*. Grâce à cette Section furent constitués auprès des commandements particuliers, sur le champ de bataille, des bureaux d'études spéciaux qui avaient pour tâche non seulement de recueillir et de diriger sur Varsovie tous les matériaux découverts au cours de la campagne, mais aussi de fonder et de diriger les journaux d'opérations des commandements et de développer une activité en vue d'encourager les officiers à rédiger chacun leur journal personnel fixant les impressions de la guerre. La guerre terminée, cette Section fut rattachée au Département de la Science militaire, où elle classe les matériaux recueillis, afin de les transférer aux Archives militaires centrales ; elle poursuit en outre une série d'études, en vue d'élaborer des ouvrages d'histoire sur les périodes particulières des guerres polonaises de 1918 à 1921.

Le même objectif est visé par le *Bureau historique de l'État-major général*, fondé en janvier 1922, dont les travaux doivent reconstituer fidèlement et objectivement l'ensemble de la guerre de 1918-21. La direction scientifique générale y est assumée par le Comité de rédaction, ayant à sa tête le colonel d'État-major Dr. Marjan Kukiel, historien de grand mérite, voué à l'étude de l'histoire de l'Armée polonaise, spécialement érudit au sujet de l'époque napoléonienne. Tout le travail du Bureau historique a été réparti en sections d'études distinctes, consacrées chacune à une période différente, à savoir : I. Libération de la Pologne de ses envahisseurs ; II. Guerre polono-ukrainienne ; III. Opérations sur le front allemand ; IV. Guerre pour la Silésie de Cieszyn ; V. Guerre polono-russe ; VI. Formation et organisation de l'armée polonaise ; VII. Bases et système de l'approvisionnement technique de l'armée lors des guerres polonaises de 1918-21, et VIII. Organisation et fonctionnement des chemins de fer polonais pendant les guerres de 1918-21.

Les organisations militaires sont étudiées au point de vue du Haut-Commandement et de l'Armée, en descendant plus bas (pour les détails) aux groupes d'opérations militaires et divisions. Des descriptions plus détaillées, concernant les opérations des bataillons et compagnies, seront élaborées à part sous la forme d'études sur les épisodes de la guerre, sous la direction du Bureau Historique.

Ainsi, tout le travail est subordonné à un programme unique et se trouve être mis en train.

Il importe enfin de mentionner l'activité de la *Section Historique de la Société des Sciences Militaires*, groupant pour la plupart des officiers. La Section organise des conférences, ensuite reproduites habituellement dans la *Bellona*, sur divers problèmes historiques et militaires, en particulier au sujet de la guerre récente. Les officiers de la Mission Militaire Française prennent également part aux travaux de la Section ; ils font des conférences, fort intéressantes, au sujet de la guerre mondiale en général et de la guerre polono-russe en particulier[1].

***

Abordant la question de la littérature polonaise relative à la guerre mondiale, nous ne pouvons rendre compte que des ouvrages les plus importants, en passant sous silence beaucoup de ces études de moindres dimensions qui prédominent jusqu'à présent parmi les ouvrages polonais.

Quant aux ouvrages ayant trait à la guerre mondiale d'avant le traité de Versailles, nous mentionnerons : *Les Documents de la Grande Guerre,* notes officielles ainsi que discours des hommes d'État au sujet de la guerre et de la paix (depuis le 12 décembre 1916 jusqu'au 1er janvier 1918), publiés par le Dr W. Orlowski (Varsovie, 1918) ; *La Stratégie de la Grande Guerre, 1914-1918,* par le professeur W. Kumaniecki (Cracovie, 1921) ; *La Grande Guerre, 1914-1915,* de A. Inlender (Vienne, 1915) ; *La Guerre Européenne, 1914-1916,* par A. Jura (Cracovie, 1917) ; les souvenirs de W. Noskowski de son voyage au front de Belgique, *Les hommes et les canons* (Cracovie, 1918) ; ainsi que les articles suivants : Général M. Januszajtis, *Évolution de la Guerre Mondiale* (*Bellona*, 1918, nos 1 et 4) ; lieutenant K. Toepfer, *Le rôle de l'artillerie dans la défense allemande au front occidental en 1918* (*Bellona,* 1919, n° 6) ; commandant T. Lechnicki, *La configuration contemporaine des relations politiques, économiques et militaires sur le territoire du Reich et l'éducation militaire allemande à la lumière des événements du mois de mars 1920* (*Bellona*, 1920, nos 3 et 4) ; commandant Dr. G. Przychocki, *L'Artillerie lourde de campagne de l'Allemagne et de l'Autriche dans la guerre mondiale* (*Bellona*, 1920, n° 12) ; commandant Dr. E. Baranowicz, *La défense de Paris contre les attaques d'avions* (*Bellona*, 1921, n° 7) ; capitaine Spalek, *Le passage de l'Aisne par une des divisions françaises* (*Bellona*, 1921, n° 12) ; colonel A. Tupalski, *Le Raid unique de la cavalerie française pendant la grande guerre* (*Bellona*, 1920, n° 12) ; W. Zalewski, *Les préparatifs de la Russie à la guerre mondiale* (*Bellona*, 1921, n° 9).

1. Dans le compte rendu sommaire, qui suit, nous ne reproduisons que les titres d'ouvrages écrits par les écrivains polonais.

Beaucoup plus nombreuses sont les publications ayant trait à la participation des Polonais à la Guerre Mondiale ; elles représentent, pour la plupart, la valeur de sources pour l'historien futur.

Dans cet ordre d'idées la littérature la plus riche est celle des Légions Polonaises.

Ce sont dans la majorité des cas les mémoires des hommes ayant fait la guerre, et ils constituent des monographies précieuses pour l'Histoire. Outre les ouvrages collectifs, comme *A travers les batailles de la brigade de Pilsudski,* précédé d'un essai de la plume du colonel Dr. M. Kukiel, sur les organisations clandestines d'avant-guerre, en vue de l'effort militaire pour reconquérir l'indépendance, qui avaient été le berceau des Légions Polonaises (Cracovie, 1915) ; *Les Légions sur le Champ de Bataille*, 1 volume, avec une introduction synthétique du colonel Dr. Tokarz, intitulée : *Le 1er Régiment d'infanterie des Légions sur la rive gauche de la Vistule en août et en septembre 1914* (Piotrków, 1915) ; *Sur les traces des Légions,* esquisse brève de l'histoire de la 11e brigade des Légions Polonaises dans les Carpathes, en Galicie, en Bukowine, élaborée par les officiers des Légions : Lewartowski, Pochmurski et Teslar (Léopol, 1915), il importe de mentionner : *L'armée 1914*, étude sur l'histoire de la Brigade de J. Pilsudski, compilation de J. Musialek (Cracovie, 1915) ; *Les Légions dans les Carpathes en 1914* par le Dr. B. Merwin (Vienne, 1915) ; *Le soldat de la 1re Brigade : La campagne de Volhynie du 2 septembre 1915 au 8 octobre 1916* par le capitaine M. Dabrowski (Varsovie, 1919) ; *La prise de Jablonka*, du colonel d'État-Major S. Burhardt-Bukacki (*Bellona*, 1918, n° 8) ; *Les opérations du 1er bataillon du 5e régiment d'infanterie pendant la bataille de Pokrzywianka,* du commandant d'État-Major J. Sadowski (*Bellona*, 1918, n° 4) ; *La bataille sur la colline Berezana en 1915*, du capitaine W. Krogulski (*Bellona*, 1915, n° 12) ; *Bataille de Molotkowo,* du colonel d'État-Major, W. Zagórski (*Bellona*, 1918, n° 5) ; *Les combats de la 11e Brigade des Légions Polonaises en Bukowine du 15 avril jusqu'à l'automne 1915,* du même auteur (*Bellona,* 1918, n° 9, 1919, n° 1) ; *Le rôle de la cavalerie dans la bataille de Molotkowo*, du commandant d'État-Major S. Rostworowski (*Bellona*, 1918, n° 7) ; *Notes sur les luttes de la Brigade carpathienne en octobre et novembre 1914*, du capitaine A. Waiss (*Bellona*, 1918, nos 2, 3, 4 et 5) ;

L'organisation des postes de secours pendant la bataille dans les Légions Polonaises, du médecin principal de 1re classe Dr. Skladkowski (*Bellona*, 1918, n° 4) ; *Schéma de l'organisation des Légions Polonaises*, du capitaine M. Dabrowski (*Bellona*, 1918, n° 10).

Parmi les ouvrages de moindres dimensions, ayant trait aux unités militaires inférieures (compagnies, bataillons) et relatant des événements de moindre importance, citons les suivants, pour la plupart journaux d'officiers et de soldats : G. Baumfeld, *Le premier régiment d'artillerie des Légions* (Piotrków, 1918) ; A. Nowak, *Carnet d'un Légionnaire* (Varsovie, 1915) ; T. Panenko, *De la Nida au Styr. Luttes du 11e bataillon du 5e d'infanterie de la 1re Brigade* (Varsovie, 1915) ; S. Pomaranski, *Dans l'avant garde* (Varsovie, 1915) ; J.-A. Teslar, *4e régiment. Une année d'opérations militaires du 4e d'infanterie des Légions polonaises, depuis le 10 mai 1915 au 10 mai 1916* (Léopol, 1916) ; Dr A. Turzyma, *Après le traité de Brest-Litewski : l'expédition du brigadier Haller* (Léopol, 1919), et autres. On trouve des détails intéressants dans la biographie du Chef de l'État, de W. Sieroszewski (*Joseph Pilsudski, sa vie et son œuvre*, 4e édition, Zamość, 1920). Il importe encore de mentionner les ouvrages du capitaine Kaden-Bandrowski, qui a publié en quelques volumes ses souvenirs, pour la plupart sous la forme d'essais et de portraits littéraires, ainsi que de nouvelles auxquels l'histoire des Légions polonaises sert de fond (*Les Pilsudskistes*, *La Bataille de Konary*, *Les tombes*).

En ce qui concerne l'histoire des formations militaires polonaises en Russie, nous disposons des sources suivantes : Une histoire de *l'Armée polonaise en Orient, 1914-1920*, élaborée avec beaucoup de soin par H. Bagiński, colonel d'État-Major (Varsovie, 1921) et du même auteur *La Brigade et la Division des Chasseurs Polonais* (faisant partie du cycle *Les Formations polonaises dans l'armée russe*) ; ensuite l'ouvrage en trois volumes du général Dowbór-Musnicki : *Esquisse brève de l'histoire du Ier Corps Polonais* (Varsovie, 1918-1919) ; *L'Histoire sommaire de la IVe Division de chasseurs du général Zeligowski* de T. Kawalec (Cracovie, 1921) ; *Les formations polonaises en Sibérie* (première partie, Varsovie, 1920), de J. Pindela-Emizarski, et *La Légion chevaleresque*, de G. Olechowski (Varsovie, 1919).

***

Un grand nombre de publications sont déjà parues qui traitent les questions relatives à la guerre de 1918 à 1921. Le recueil de communiqués de presse des Hauts Commandements polonais et de l'État-Major Général, embrassant l'ensemble de la guerre, a été publié par l'auteur de cet article. Il renferme tous les bulletins officiels de toute la durée de la guerre, ainsi que ceux des luttes de Léopol, en 1918, et des batailles en Posnanie.

Le premier acte de cette période de la guerre, la défense héroïque de Léopol en novembre 1918, a été traité de préférence par les écrivains qui y avaient pris part. Plaçons en premier lieu l'ouvrage du Dr. A. Próchnik : *La défense de Léopol* (Zamość, 1919) ; vient ensuite le livre publié par le colonel d'État-Major Lapinski, chef d'État-Major, lors des luttes pour Léopol, et le lieutenant A. Kron : *Le mois de novembre 1918 à Léopol* (Varsovie, 1920) ; l'ouvrage détaillé, en deux volumes, du brigadier C. Maczewski, commandant de la défense de Léopol, *Les luttes de Léopol* (Varsovie, 1921) ; *Léopol héroïque*, de M. Opałek (Léopol, 1919) ; *Le mois ruthène*, de J. Gella (Léopol, 1919) ; *Le mois de novembre 1918 à Léopol*, du lieutenant J. Dunin-Wasowicz (Léopol, 1919) ; enfin *La lutte pour Léopol*, du Dr. J. Bogonowski (Gdańsk, 1921).

La libération de la Grande-Pologne (Posnanie) de la domination allemande a fait l'objet des études du commandant B. Hulewicz, officier d'État-Major, *L'insurrection en Grande Pologne* (Zamość, 1920), et de M. Rzepecki, *L'insurrection de décembre en Grande-Pologne* (Poznań, 1919). Les souvenirs de S. Rybka constituent un curieux document : *Entrave brisée, pages d'un journal* (Poznań, 1919).

La libération de Wilno par les troupes polonaises en 1919 a été relatée par le colonel T. Piskor, officier d'État-Major, *La prise de Wilno* (Varsovie 1919). Les luttes pour la réunion à la Pologne de la Silésie de Cieszyn ont été narrées par le commandant J. Pryziński : *La lutte pour la Silésie de Cyeszyn* (Varsovie, 1921) Bien des détails, concernant les luttes en Galicie Orientale sont fournis par la brochure de A. Panski, intitulée *La légion universitaire de Varsovie* (Varsovie, 1920).

Les phases ultérieures de la guerre sont étudiées dans les

ouvrages suivants : *Lutte pour la ville de Belz en Galicie*, du capitaine Borzecki (*Bellona*, 1920, nos 4 et 5) ; *La lutte pour les villes de Grodno et de Lida en 1920*, du colonel d'État-Major T. Kutrzeba (*Bellona*, 1920, n° 11) ; *Les opérations militaires du 4e d'infanterie des Légions polonaises dans la période du 20 au 25 septembre 1920*, du colonel Mackocoski (*Bellona*, 1920, n° 9) ; *L'attaque du 7e d'infanterie des Légions polonaises sur Zabinka le 25 et le 26 août 1920*, du même auteur (*Bellona*, 1921, n° 11) ; *L'artillerie dans les luttes pour la ville de Plock les 17-19 août 1920*, du commandant G. Przychocki (*Bellona*, 1920, n° 10) ; *La Bataille pour la ville de Brest du 29 juillet au 1er août 1920*, du commandant d'État-Major S. Rostworowski (*Bellona*, 1920, n° 9) ; *Les opérations militaires du 30e d'infanterie des chasseurs de Kaniów près de Koziany en 1920*, du colonel Jacynik (*Bellona*, 1921, n° 5) ; *L'artillerie montée dans les luttes de notre cavalerie contre la cavalerie de Budiennyi*, du sous-lieutenant T. Poplawski (*Bellona*, 1921, n° 2) ; *Le raid sur le Teterew et le Malin*, du commandant L. Skrzyński (*Bellona*, 1921, n° 10) ; *Les luttes de la 3e sous-escadrille d'avions contre la cavalerie de Budiennyi dans la région de Léopol*, de S. Turbiak (*Bellona*, 1922, n° 2) ; *La Campagne polono-ukrainienne, la leçon des expériences d'opérations stratégiques et tactiques*, du colonel J. Sopotnicki (Léopol, 1921) ; *La bataille de la 3e Division des Légions, près de Brzostowice, les 20-25 septembre 1920*, du commandant J. Sadowski, officier d'État-Major (*Bellona*, 1921, nos 3 et 4) ; *L'Incursion sur Koziatyn*, du commandant Z. Lewiński (*Bellona*, 1921, n° 4) ; *La première rencontre de la 13e Division d'infanterie avec Budiennyi*, du commandant T. Kurcjusz (*Bellona*, 1921, nos 6 et 9) ; *Notre offensive du mois d'août*, du commandant S. Kunstler (Varsovie, 1921) ; *La grande Bataille de la Vistule*, du capitaine J Kaden-Bandrowski (Paris, 1291, en français) ; *Le miracle de la Vistule à la lumière des principes de stratégie*, du commandant W. Gostyński (Zamość, 1921) ; *Sur les expériences des quelques dernières semaines*, du général Rozwadowski (Varsovie, 1920) ; *Sur les expériences de la campagne de 1920 en Ukraine et en Petite-Pologne*, du colonel M. Kukiel (*Bellona*, 1921, n° 1) ; *Jours de grandes défaites et de grandes victoires*, du commandant T. Rozycki (La Revue *Le Gouvernement et l'Armée*, *Rzad i Wojsko*, 1921, nos 2, 10 et 21) ; en outre, les souvenirs du

Dr Marcel Handelsman, professeur à l'Université de Varsovie, *Au 5e Régiment des Légions* (Zamość, 1921) et ceux du correspondant de guerre A. Grzymala-Siedlecki, *Le miracle de la Vistule* (Varsovie, 1921). Le capitaine J. Kaden-Badrowski, mentionné plus haut, a publié, lui aussi, des souvenirs apportant bien des détails, et intitulés *L'expédition de Wilno* (Varsovie, 1920) et *le Printemps 1920* (Varsovie, 1921).

La liste d'ouvrages énumérés ci-dessus ne renferme que les plus importants (nous avons dû en omettre beaucoup, étant données les dimensions de cet article), classés suivant les événements essentiels. Comme il résulte de l'exposé même, il s'agit surtout de sources proprement dites ; elles n'ont été traitées par l'analyse scientifique qu'en partie. Les projets de publications des Institutions scientifiques et militaires ne visent en première ligne également que de rendre accessibles les matériaux dont elles disposent.

Nous ne possédons jusqu'à présent la synthèse ni de l'histoire de la participation de la Pologne à la grande guerre, ni de celle de la guerre polonaise de 1918-1921. Les tentatives faites jusqu'à l'heure actuelle permettent toutefois de discerner les voies sur lesquelles vont probablement s'engager les recherches scientifiques polonaises : 1° L'étude critique aussi bien des grandes manœuvres stratégiques que des mouvements d'action exécutés par les divers corps de troupes et unités militaires, constitue la première étape vers la cristallisation d'une doctrine militaire polonaise ; 2° La synthèse de la participation des Polonais à la grande guerre ne pourra être réalisée que par la combinaison des études synthétiques de l'histoire des formations particulières : celles de Pilsudski, celles de Russie et de France, dont les fragments ont déjà été élaborés.

Stefan Pomaranski.

NOTES, QUESTIONS ET DISCUSSIONS

UNE CONTRIBUTION A L'HISTOIRE NAVALE DE LA GUERRE[1]

Von Hase était officier directeur du tir sur le croiseur de bataille allemand *Derfflinger*, quand ce bâtiment fut engagé dans l'affaire du Jutland où il joua un rôle actif et glorieux (31 mai 1916). Avec raison, von Hase ne prétend point donner un récit exact et complet du combat : il faudrait d'abord montrer qu'un tel récit est possible, soit au moment où nous sommes, soit à un moment quelconque à venir ; les historiens sont aujourd'hui prévenus contre les agréables compositions de « récits de batailles » à la manière de Thiers, qu'il s'agisse de batailles de terre ou de mer ; dans les deux cas il y a, pour prendre l'expression de von Hase lui-même, une grande partie de pur roman. L'officier allemand fonde donc son récit, premièrement, sur ce qu'il a vu. C'est beaucoup pour les prodromes et pour les résultats de l'action. Ce serait peu pour le fort de l'action elle-même, où von Hase, enfermé dans son blockhaus, n'ayant d'autre vue sur le monde extérieur que les objectifs d'un périscope constamment encrassé par les fumées, connaissait la situation du combat surtout par les transmissions téléphoniques de la hune avant ! Mais von Hase a eu la bonne fortune de conserver ses feuilles de tir où figuraient l'enregistrement des ordres, les dérives, les distances, les coups tirés et les croquis du combat : documents précieux qui permettent d'authentifier le récit, bien que l'Allemand aille sûrement trop loin en parlant d'un *tableau mathématiquement précis* de la lutte soutenue par le *Derfflinger* : qui peut savoir les déformations que l'anxiété d'un combat mortel a introduites dans la transmission, l'exécution et l'enregistrement des ordres ?

Que voulaient faire les Allemands en sortant le 31 mai dans la mer du Nord ? Uniquement, selon von Hase, donner la chasse dans le Skager-Rak aux bâtiments de commerce ennemis et neutres. Cette explication ne nous satisfait point. Un tel but justifiait la sortie d'une division légère, semblable à celles qui tentaient de temps à autre des coups de surprise sur la côte anglaise. Mais on a peine à s'imaginer que toute l'escadre cuirassée de von Scheer est sortie dans le but de faire la course. Ce n'est pas à cela qu'elle était destinée.

1. Georg von Hase (capitaine de corvette). *La bataille du Jutland vue du « Derfflinger »*, souvenirs d'un officier de marine allemand, traduits par E. Delage, préface de E. Richard, capitaine de corvette, annoté par le service historique de l'état-major de la marine. 1 vol. in-8° de XII + 191 pp., 22 phot., 2 croquis hors texte. Paris, Payot, 1922, 7 fr. 50.

Ce qui paraît certain, c'est que les Allemands ne s'attendaient à rencontrer, ni la Grande Flotte de Jellicoe, ni même les croiseurs de bataille de Beatty, mais tout au plus « des forces légères ou une escadre de vieux croiseurs cuirassés ». On entrevoit très bien dans le récit de von Hase la surprise, voisine de la panique, que donna d'abord aux marins allemands la vue des gros bateaux anglais montant sur l'horizon.

Ce qui paraît certain aussi, c'est que la rencontre des deux flottes fut à peu près fortuite.

Sur l'effroyable ouragan d'acier et d'explosifs qui dura, avec peu d'accalmies, de cinq heures et demie à dix heures et demie du soir (heure allemande), von Hase ne nous dit rien d'intéressant que nous ne sachions déjà. Son récit a le mérite de mettre en lumière la grande importance de la vitesse pendant le combat naval, ainsi que la terrible efficacité du tir de la grosse artillerie à des distances relativement énormes (10.000 à 15.000 mètres et davantage). Disons aussi qu'un obus bien placé — c'est-à-dire placé là où il détermine des explosions de soutes à munitions — fait disparaître avec une foudroyante rapidité le plus gros bâtiment de combat. C'est l'affaire de quelques secondes. Cela s'était vu à Tsoushima. Cela se vit encore, le 31 mai, avec les bâtiments anglais *Queen Mary* et *Invincible*. Ce que l'obus fait, la torpille le fait aussi : exemple, le croiseur allemand *Pommern*, nuit du 31 mai au 1er juin.

Von Hase n'est point un fanfaron. Il regarde la bataille du Jutland comme un succès pour les armes allemandes : n'était-ce pas la vérité officielle dans son pays ? Mais il se contredit par les pages pleines de bon sens (p. 141-142), où il reconnaît que ce prétendu succès mit en réalité le sceau à la défaite allemande dans la guerre marine de surface, puisqu'après le 31 mai la flotte, enfermée à Kiel et à Wilhelmshaven, n'osa plus jamais sortir.

Ce qui importe en effet dans une action militaire, c'est le résultat. Ici, le résultat n'est pas douteux. Les Allemands ont eu beau infliger aux Anglais des pertes quintuples des leurs : la bataille du Jutland est une défaite allemande, parce que la conséquence lointaine, mais directe du Jutland, c'est Scapa Flow.

Aussi ne pouvons-nous nous empêcher d'être un peu surpris de quelques-unes des annotations mises au bas des pages de von Hase par le commandant Richard, au nom du Service historique de la marine.

Les notes du commandant Richard sont utiles quand elles éclairent ou précisent des détails techniques. Elles le sont moins quand elles touchent à l'histoire générale.

C'est donner une idée bien inadéquate des choses, que de dire, comme le fait le commandant Richard (note de la page 43) : « Il n'y eut évidemment dans cette affaire ni vainqueur, ni vaincu. Mais le parti qui devait normalement être écrasé réussit à éviter la défaite. Les Allemands sont donc fondés à dire que le succès fut de leur côté ».

Puisse la marine française ne connaître jamais des succès pareils !

Pour le commandant Richard, si Jellicoe avait recommencé la bataille le 1er juin et s'il avait écrasé la flotte allemande, il eût avancé la fin des hostilités.

Nous sommes persuadé, au contraire, que la fin des hostilités n'eût pas été avancée d'une heure. Les Allemands auraient ultérieurement tenté leur chance sous-marine, tout comme ils le firent et pour les mêmes raisons (voir J. Brunhes et C. Vallaux, la *Géographie de l'Histoire,* chapitre XII).

Et puis il ne faudrait tout de même pas oublier que la grande décision s'est produite sur terre, et ne pouvait se produire que là.

C'est pourquoi l'amiral Jellicoe fut un chef sage et habile. Il laissa tranquillement mûrir les fruits du Jutland, jusqu'au jour où, amenés à maturité par la totale victoire terrestre, ils lui donnèrent la belle récolte de Scapa Flow.

CAMILLE VALLAUX.

L'HISTOIRE MILITAIRE DE LA GUERRE ET LE SERVICE HISTORIQUE DE L'ÉTAT-MAJOR DE L'ARMÉE

Le Ministère de la Guerre a récemment communiqué aux journaux la note suivante :

« A plusieurs reprises, il a été demandé que le ministère de la guerre commence la publication des documents officiels se rapportant aux opérations de la guerre 1914-1918. Le service historique de l'état major de l'armée (transformation de l'ancienne section historique, réorganisée et augmentée) est chargé de cette publication.

« Le but est de donner au public, le plus rapidement possible, par un travail scientifiquement conçu et exécuté, une relation exposant : 1° Dans ses grandes conceptions, la conduite de la guerre par le haut commandement français ; 2° Dans leurs grandes lignes, le développement des opérations.

« Avant de pouvoir établir cette relation, il fallait : d'une part, procéder à un classement méthodique d'archives de toute nature, très volumineuses, se rapportant à près de cinq années d'opérations, et représentant le contenu de près de 60.000 cartons ; d'autre part, dépouiller, analyser ces archives et en extraire la documentation de base répondant au but exposé ci-dessus.

« Le travail, commencé depuis 1919, se poursuit aussi activement que possible. Pour accélérer le travail, le temps de guerre a été divisé en un certain nombre de périodes chronologiques, et l'étude de chaque période confiée à une section distincte.

« Chaque section doit rédiger « un précis d'ensemble » de la période dont elle est chargée, et y adjoindre des annexes comprenant tous les documents mis à l'appui du texte du « précis », jusqu'à l'échelon de corps d'armée inclus.

« L'ordre dans lequel les diverses sections feront paraître leurs publications respectives ne pourra être, d'une manière absolue, l'ordre chronologique.

« D'une part, les crédits élevés qu'exige la publication d'une œuvre aussi importante obligent à l'échelonner, au point de vue budgétaire, sur une période de plusieurs années ; d'autre part, pour chacune des diverses périodes considérées, il faut se livrer à un travail de recherches et de contrôle plus ou moins long, qui ne permet pas d'achever en même temps le travail pour toutes les sections.

« Il y a lieu cependant de penser que dès l'année 1922, et si les crédits nécessaires demandés au Parlement sont votés, pourront paraître les volumes traitant du début des opérations de 1914.

« Ils seront suivis par un certain nombre d'autres, dans lesquels seront successivement traités : la préparation et l'attente de la bataille dans l'hiver 1917-1918 ; la bataille défensive et la bataille offensive de 1918 ; les offensives de 1915 en Artois et en Champagne ; la deuxième bataille de la Marne ; les préliminaires de la bataille de Verdun ; l'expédition des Dardanelles et les débuts de celle de Salonique, etc.

« Enfin, en même temps que les premiers volumes publiés, paraîtra un ordre de bataille concernant les grands commandements et les grandes unités jusqu'à la division incluse. On y trouvera, sous forme de tableaux, la composition détaillée de toutes les grandes unités de l'armée française et leur historique sommaire, depuis la mobilisation (ou leur création) jusqu'à la conclusion de l'armistice. »

Nous sommes à même de compléter ces indications sur plusieurs points. Ce travail a commencé à la fin de 1919, sous la direction du général Douchy ; il se poursuit aujourd'hui — dans la caserne de la rue de Babylone où sont concentrées les archives de la guerre de 1914-1918 — sous la direction du colonel Reboul. Les « sections d'étude » sont au nombre de dix ; chacune d'elles comprend un officier supérieur, chef de section, et des officiers subalternes ; au total, 15 officiers supérieurs et 24 officiers subalternes. L'étude des opérations a été répartie entre elles comme suit : 1° La bataille des frontières et de la Marne, la course à la mer (du début d'août au 13 novembre 1914) : 2° La constitution du front, le front stabilisé, les opérations du 14 novembre 1914 au mois de mai 1915 ; 3° De mai à octobre 1915, Arras, l'Artois, la Champagne, la période d'hiver jusqu'à février 1916 ; 4° Verdun et la Somme (février à octobre 1916) ; 5° L'offensive d'avril 1917 (novembre 1916 à octobre 1917) ; 6° La période d'hiver, les offensives allemandes (novembre 1917 à juillet 1918) ; 7° L'offensive générale (18 juillet 1918 à l'armistice) ; 8° Le front d'Orient (Dardanelles, Macédoine) ; 9° Les fronts secondaires (Palestine, Égypte, Colonies) ; 10° Organisation de l'armée, de la mobilisation à la démobilisation. Le précis d'ensemble rédigé par chaque section comprend un, ou deux, ou trois volumes de texte, suivant l'importance des opérations considérées ; les volumes de documents annexés seront en moyenne au nombre de deux par volume de texte ; avec chaque volume paraîtra un portefeuille de cartes et croquis. L'impression a lieu à l'Imprimerie Nationale ; le premier volume est annoncé pour avril 1922.

P. C.

L'HISTOIRE ÉCONOMIQUE DE LA GUERRE ET LA DOTATION CARNEGIE

La Dotation Carnegie pour la Paix internationale (Carnegie Endowment for international Peace) a été fondée en 1910, à Washington, en vue d'organiser une enquête scientifique et complète sur les causes de la guerre et les moyens pratiques de la prévenir. Elle est divisée en trois sections : 1° Relations internationales et éducation ; 2° Économie politique et histoire ; 3° Droit international.

La section d'économie politique et d'histoire avait pour organe un « Comité de recherches » composé d'une quinzaine d'économistes représentant les principaux pays. Elle avait déjà publié un certain nombre de volumes, et en avait un bien plus grand nombre en manuscrit, quand est survenue la grande guerre, qui a obligé de tout reprendre à pied d'œuvre. Le Comité international de recherches a été remplacé par des Comités nationaux, qui achèvent actuellement de se constituer et qui, sous la direction générale de M. J. T. Shotwell, professeur d'histoire à Columbia University, et ancien conseiller de la Délégation américaine à la Conférence de la paix, ont pour mission de publier une histoire économique de la guerre, sous tous ses aspects, tant ceux généraux que ceux spéciaux à chaque pays.

Chaque Comité établit la liste des travaux à faire, sous forme de monographies, et cherche pour chacune d'elles la collaboration la mieux qualifiée. Les centaines d'études faites séparément, mais parallèlement dans les principaux pays, belligérants ou neutres, se contrôleront réciproquement, permettront sans doute de dégager les enseignements que comporte un si grand événement, et contribueront peut-être à en prévenir le retour : par là, l'entreprise rentre dans l'esprit et l'objet de la Dotation Carnegie. Comme le disait le président Elihu Root, en décembre 1920, à la réunion des « trustees » de la Dotation, il s'agit de « sauver de la destruction les documents originaux de l'histoire économique de la guerre, afin que dans l'avenir l'histoire de cette guerre ne puisse pas être ramenée à un simple épisode de glorieux faits et de musique martiale, mais qu'elle soit au contraire une peinture exacte de ce que la guerre a été réellement et de ce qu'elle a coûté. Pour la première fois, un semblable travail aura été fait dans le monde nous donnant une histoire générale de la guerre bien documentée et faite par les contemporains ».

Le Comité français se compose de M. Charles Gide, président, et de MM. Arthur Fontaine, H. Hauser, Ch. Rist et J. T. Shotwell. Il a déjà réparti une cinquantaine de sujets entre autant de collaborateurs, pris parmi les spécialistes compétents. Les monographies qu'ils se sont chargés de rédiger paraîtront en français, en volumes du format in-octavo; il sera donné des traductions en anglais d'un certain nombre d'entre elles. La publication commencera dès les derniers mois de 1922. P. C.

Parmi les nombreuses et intéressantes publications faites sur l'histoire de la Guerre par la Librairie Payot nous signalerons les suivantes, qui nous ont été adressées : *La Littérature de Guerre, Manuel méthodique et critique des publications de langue française (août 1914-août 1916)*, par Jean Vic, avec préface de Gustave Lanson (xxxvi-816 pages, en 2 vol. in-12 ; un complément est annoncé) ; *Les Souvenirs de Guerre (1914-1918)* d'Erich Ludendorff, traduction précédée d'une préface du général Buat (1920, 2 vol. in-8 de 443 et 410 pages), et l'étude, également signée du général Buat, sur le même (*Ludendorff*, 1920, in-12 de 285 pages) ; enfin le volume du général Lanrezac sur *Le plan de campagne français et le premier mois de la guerre (2 août-3 septembre 1914)*, avec 4 cartes hors-texte (1920, in-12 de 285 pages) ; *Les Notes intimes de la princesse Blücher (Une Anglaise à Berlin)* (1921, 342 pages in-8) ; *L'Effort militaire des Alliés sur le front de France*, par J. Revol (1921, 94 pages in-8) ; *Les Plans secrets de la Politique allemande en Alsace-Lorraine* (1915-1918), par Charles Schmidt (1922, xxviii-264 pages in-8). Tous ces ouvrages font partie de la *Collection de Mémoires, études et documents pour servir à l'Histoire de la Guerre mondiale*. D'autres ont été signalés — et étudiés — dans nos *Revues critiques*.

De la collection « Les Cahiers de la Victoire », publiés par la librairie « La Renaissance du Livre », nous avons reçu les volumes suivants : *L'Effort français, Quelques aspects de la Guerre*, par Joseph Bédier (s. d. in-12 de 325 pages) ; *La deuxième Bataille de la Marne, 15-18 juillet 1918 (Les étapes d'une victoire)*, par Jean de Pierrefeu (s. d., in-12 de 95 pages) ; *La Voie sacrée, Le service automobile à Verdun (février-août 1916)*, par Paul Heuzé (s. d., in-12 de 95 pages) ; *Sous l'armure, Les chars d'assaut français pendant la guerre*, par Pierre Le Strinquez, lieutenant à l'A. S. (s. d., in-12 de 253 pages) ; *L'Offensive du 16 avril, La vérité sur l'affaire Nivelle*, par Jean de Pierrefeu (s. d., in-12 de 189 pages) ; *Histoire d'une division de couverture, Journal de campagne (août 1914-janvier 1915)*, par Jean-Marie Carré, interprète à la 4e division d'infanterie (s. d., in-12 de 247 pages). — Signalons particulièrement *Dans les Coulisses de l'Aviation (1914-1918)*, par Georges Huisman (s. d., in-12 de 343 pages), le seul ouvrage, jusqu'ici, qui retrace l'histoire de l'aviation pendant la guerre, livre solide et vivant, — dont l'auteur, archiviste et historien, a voulu « être aussi objectif que s'il s'était agi d'un mémoire sur la Défense de Paris contre les Invasions normandes ou sur la Crise de l'artillerie au temps de la guerre de Cent Ans ».

Il a paru dans les *Manuels Hœpli* le tome I d'une *Cronistoria della guerra mondiale, du Congresso di Berlino (luglio 1878) agli Armistizi (nov. 1918)*, par Ferruccio Quintavalle ; Milan, 1921, xxxiv-800 pages in-16.

Le Gérant : H. HORNER.

TABLES DU TOME TRENTE-TROISIÈME

TABLE DES AUTEURS

(ARTICLES ET REVUES)

TABLE DES MATIÈRES

ARTICLES DE FOND

REVUES CRITIQUES

NOTES, QUESTIONS ET DISCUSSIONS

VERSAILLES. — IMPRIMERIES CERF, 59, RUE DU MARÉCHAL-FOCH.

Imprimeries Cerf, 59, rue du Maréchal-Foch, Versailles.

SOMMAIRE DU TOME XXXI (AOUT-DÉCEMBRE 1920)

REVUES CRITIQUES

NOTES, QUESTIONS ET DISCUSSIONS

SOMMAIRE DU TOME XXXII

REVUES CRITIQUES

NOTES, QUESTIONS ET DISCUSSIONS

La *Revue de Synthèse historique* forme deux volumes par an, grand in-8°.

Le volume est composé de trois fascicules qui paraissent séparément ou réunis.

L'abonnement est de **25** francs pour la France et de **30** francs pour l'Etranger. Il part de Février ou d'Août. — Le prix du volume est de **15** francs.

La collection des trente-deux premiers volumes est cédée aux abonnés nouveaux au prix de **260 francs**. Il ne reste qu'un petit nombre de collections.

NUMÉROS SPÉCIAUX

L'Allemagne, n° 44	3 fr. »	*La Russie*, n° 71	4 fr. 50
L'Angleterre, n° 49	3 fr. »	*L'Histoire de l'Art*, n° 82	5 fr. »
L'Italie, n° 57	4 fr. 50	*Les États-Unis*, n°s 85-87	15 fr. »

PREMIÈRE TABLE DÉCENNALE (1900-1910)

Par André FRIBOURG

Un volume grand in-8° de 114 pages, **5** francs (**3** francs pour les abonnés de la *Revue*).

PUBLICATIONS DE LA *REVUE DE SYNTHÈSE HISTORIQUE*

LES RÉGIONS DE LA FRANCE

I. *La Gascogne*, par L. Barrau-Dihigo, biblioth. à la Sorbonne, précédé d'une Introd. générale par Henri Berr, directeur de la *Revue de Synthèse historique* . . . 3 fr. »

II. *Le Lyonnais*, par Charléty, recteur de l'Université de Strasbourg . . . . 2 fr. »

III. *La Bourgogne*, par A. Kleinclausz, professeur à l'Université de Lyon . . 3 fr. »

IV. *La Franche-Comté*, par L. Febvre, prof. à l'Université de Strasbourg . . 3 fr. »

V. *Le Velay*, par Louis Villat, professeur au lycée de Nantes . . . . 3 fr. »

VI. *Le Roussillon*, par Joseph Calmette, professeur à l'Université de Toulouse, et Pierre Vidal, bibliothécaire de la Ville de Perpignan . . . . 3 fr. »

VII. *La Normandie*, par Henri Prentout, professeur à l'Université de Caen . . 4 fr. 50

VIII. *La Lorraine*, par Pfister, anc. prof. à la Sorb., doyen à l'Univ. de Strasbourg. 4 fr. 50

IX. *L'Ile-de-France* (*Les pays autour de Paris*), par Marc Bloch, professeur à l'Université de Strasbourg . . . . 4 fr. 50

« Le plan de ces monographies est bien simple : une bibliographie raisonnée des sources manuscrites et des ouvrages imprimés, un exposé des résultats acquis et des principaux desiderata. La grande compétence spéciale des auteurs rend ces études extrêmement précieuses... » (*Revue Historique*, n° 173, p. 124.)

ARCHIVES, BIBLIOTHÈQUES, MUSÉES

L'Organisation des Musées, par L. Réau, ancien directeur de l'Institut français de Pétrograd . . . . 2 fr.

L'Organisation des Bibliothèques, par V. Chapot, docteur ès lettres, docteur en droit, bibliothécaire à la Bibliothèque Sainte-Geneviève . . . . 2 fr. 50

Les Études relatives à l'Histoire économique de la Révolution française (1789-1804), par P. Boissonnade, professeur à l'Université de Poitiers. 5 fr.

Les Études relatives à la période du « Risorgimento » en Italie, par Georges Bourgin, ancien membre de l'École française de Rome, archiviste aux Archives Nationales . . . . 3 fr. 50

Les Études relatives à l'Histoire économique de l'Espagne et leurs résultats (*des origines à 1453*), par P. Boissonnade, prof. à l'Univ. de Poitiers. 4 fr. 50

Répertoire méthodique pour la Synthèse historique (*Théorie et Méthodologie, Histoire et Enseignement de l'Histoire*), année 1901, publié avec une Introduction par Henri Berr, docteur ès lettres, directeur de la *Revue de Synthèse historique*, avec le concours de P. Caron, archiviste paléographe, et Fr. Simiand, agrégé de philosophie . . . . 2 fr.

VERSAILLES. — IMPRIMERIES CERF, 59, RUE DU MARÉCHAL-FOCH.

www.ingramcontent.com/pod-product-compliance
Lightning Source LLC
LaVergne TN
LVHW080957230826
846092LV00006B/1058
* 9 7 8 2 3 2 9 6 7 8 2 8 3 *